T0208519

essentials

essentials liefern aktuelles Wissen in konzentrierter Form. Die Essenz dessen, worauf es als „State-of-the-Art" in der gegenwärtigen Fachdiskussion oder in der Praxis ankommt. *essentials* informieren schnell, unkompliziert und verständlich

- als Einführung in ein aktuelles Thema aus Ihrem Fachgebiet
- als Einstieg in ein für Sie noch unbekanntes Themenfeld
- als Einblick, um zum Thema mitreden zu können

Die Bücher in elektronischer und gedruckter Form bringen das Expertenwissen von Springer-Fachautoren kompakt zur Darstellung. Sie sind besonders für die Nutzung als eBook auf Tablet-PCs, eBook-Readern und Smartphones geeignet. *essentials:* Wissensbausteine aus den Wirtschafts, Sozial- und Geisteswissenschaften, aus Technik und Naturwissenschaften sowie aus Medizin, Psychologie und Gesundheitsberufen. Von renommierten Autoren aller Springer-Verlagsmarken.

Weitere Bände in der Reihe http://www.springer.com/series/13088

Adrienne Steffen · Susanne Doppler

Einführung in die Qualitative Marktforschung

Design – Datengewinnung – Datenauswertung

Adrienne Steffen
Hochschule Fresenius Heidelberg
Heidelberg, Deutschland

Susanne Doppler
Hochschule Fresenius Heidelberg
Heidelberg, Deutschland

ISSN 2197-6708   ISSN 2197-6716   (electronic)
essentials
ISBN 978-3-658-25107-9   ISBN 978-3-658-25108-6   (eBook)
https://doi.org/10.1007/978-3-658-25108-6

Die Deutsche Nationalbibliothek verzeichnet diese Publikation in der Deutschen Nationalbibliografie; detaillierte bibliografische Daten sind im Internet über http://dnb.d-nb.de abrufbar.

Springer Gabler
© Springer Fachmedien Wiesbaden GmbH, ein Teil von Springer Nature 2019, korrigierte Publikation 2020
Springer Gabler ist ein Imprint der eingetragenen Gesellschaft Springer Fachmedien Wiesbaden GmbH und ist ein Teil von Springer Nature
Die Anschrift der Gesellschaft ist: Abraham-Lincoln-Str. 46, 65189 Wiesbaden, Germany

Was Sie in diesem *essential* finden können

- Eine Anleitung zur Durchführung qualitativer Marktforschungsstudien
- Wertvolle Tipps für Praktiker und Studierende auf Bachelor Niveau
- Hintergründe zu qualitativem, wissenschaftlichem Arbeiten

Inhaltsverzeichnis

Einführung in die qualitative Marktforschung

Marktforschung ist eine angewandte Wissenschaft, die systematisch, objektiv und zielorientiert erfolgt. Viele der Untersuchungs-, Erhebungs-, und Auswertungsmethoden stammen aus der Psychologie, Soziologie und der Statistik.

▷ Unter Marktforschung versteht man die „systematische Sammlung, Aufbereitung, Analyse und Interpretation von Daten über Märkte und Marktbeeinflussungsmöglichkeiten zum Zweck der Informationsgewinnung" (Koch et al. 2016, S. 1).

Während die quantitative Marktforschung in Zahlen erfassbare Daten mit großen repräsentativen Stichproben untersucht und erforscht, ergründet die qualitative Marktforschung gegenwärtige Motive, Einstellungen und Erwartungen und zukünftige Verhaltensweisen von Personen anhand kleiner Fallzahlen. Darüber hinaus dient die qualitative Forschung auch zur genaueren Zielgruppenbestimmung und Bildung von Kundentypologien (Weis und Steinmetz 2012, S. 37 f.).

Qualitative Marktforschung hat sich in der Branche noch nicht umfassend durchgesetzt. Der Umsatzanteil der qualitativen Marktforschung nimmt noch heute einen eher kleinen Teil der gesamten Marktforschungsbranche ein. In den letzten Jahren betrug der Umsatzanteil qualitativer Marktforschungsstudien zwischen 7 und 10 %. Wohin die quantitative Primärforschung z. B. im Jahr 2016 92 % ausmachte, hatte die qualitative Primärforschung nur einen Umsatzanteil von 7 %. 1 % fielen auf Big-Data und Social Media Analysen (ADM n. d.e).

Die qualitative Forschung wird eher für explorative Fragestellungen verwendet. Dadurch lassen sich Erkenntnisse zu wenig erforschten Themen gewinnen, die man mit quantitativen Methoden nicht bekommen kann. Bei unerforschten Themengebieten hat man zu Beginn der Studie zu wenig Informationen, um z. B. die richtigen Fragen für einen quantitativen Fragebogen zu formulieren. Je mehr

© Springer Fachmedien Wiesbaden GmbH, ein Teil von Springer Nature 2019
A. Steffen und S. Doppler, *Einführung in die Qualitative Marktforschung*,
essentials, https://doi.org/10.1007/978-3-658-25108-6_1

Erkenntnisse vorab über den Untersuchungsgestand bekannt sind, desto präziser wird die Fragestellung (Raab et al. 2018, S. 34).

Sowohl in der akademischen Forschung als auch in der Industrie wird die qualitative Forschung noch kritisch betrachtet. Viele Hochschulen vertrauen in der Forschung eher quantitativen Ansätzen. Obwohl einige Hochschulen qualitative Forschung zunehmend akzeptieren, fehlt das Verständnis für die Anforderungen, Kompetenzen und Fähigkeiten beispielsweise in der qualitativen Analyse (Holzhauer und Naderer 2011, S. 19). Forscher, die in der Vergangenheit primär quantitativ forschten, setzen qualitative Studien eher ergänzend ein, anstatt quantitative Studien durch qualitative zu ersetzen (Magerhans 2016, S. 167). In der Marktforschung hat die qualitative Forschung noch immer einen geringeren Stellenwert (Magerhans 2016, S. 167) oder für manche auch Vorstudiencharakter. Raab et al. (2018, S. 34) erklären beispielsweise „Qualitative Forschung dient dazu, soviel in Erfahrung zu bringen, um immer bessere Forschungsfragen zu stellen und daraus immer bessere Hypothesen abzuleiten". Dieses Zitat zeigt eine eher eingeschränkte Sichtweise qualitativer Forschung aus quantitativer Perspektive.

Dass qualitative Forschung noch viel mehr bietet und als Einzelmethode durchaus berechtigt ist, soll dieses Buch verdeutlichen.

1.1   Ziele und Charakteristika qualitativer Forschung

Marktforschung wird im Allgemeinen durchgeführt, weil ungenügend Informationen für eine Entscheidung in einer Firma zur Verfügung stehen, z. B. wenn ein Unternehmen über eine Produktneueinführung entscheidet oder wenn Gründe für einen Umsatzrückgang exploriert werden. Wenn die bereits bestehenden Informationen, die ein Unternehmen intern (z. B. eigenen Produktstatistiken) und extern (z. B. Branchenreporte) zur Verfügung hat nicht ausreichen, soll eine primär genau für das Entscheidungsproblem durchgeführte Marktforschungsstudie eine bessere Entscheidungsgrundlage schaffen.

▶   Qualitative Marktforschung eignet sich besonders bei Entscheidungsproblemen der Marketingabteilung, wenn neue Erkenntnisse über Phänomene ermittelt werden sollen, wenn Produktinnovationen oder Änderungen beurteilt werden sollen oder wenn quantitative Ergebnisse aussagefähiger gemacht werden oder angereichert werden sollen (Weis und Steinmetz 2012, S. 39).

Meist wird die qualitative Marktforschung von Marktforschern mit Adjektiven wie „tiefer", „näher", „breiter" oder „offener" beschrieben. Dennoch schrecken viele Firmen bei der Beauftragung von qualitativen Studien zurück, weil sie für sie sowohl in der Datenerhebungsphase und auch bei der Auswertung intransparent erscheinen. Da die qualitative Marktforschung ein eher junges Forschungsfeld ist, sind viele Entscheider in Marketingabteilungen aufgrund ihrer Ausbildung eher mit quantitativen als mit qualitativen Methoden und Auswertungsprozessen vertraut. Auftraggeber sind teilweise verunsichert durch die kleinen Fallzahlen und den für sie „rätselhaften" Auswertungsprozessen (Holzhauer und Naderer 2011, S. 15, 22). Diese Unsicherheit soll dieses Methodenbuch nehmen.

Als Forscher sollte man für qualitativen Forschung Neugierde mitbringen. Qualitative Forschung wird angewendet, wenn man wenige Informationen für das Entscheidungsproblem hat oder wenig über den Untersuchungsgenstand weiß (Magerhans 2016, S. 168). Im Vordergrund steht bei der Datenerhebung und der Datenauswertung nicht zwangsweise die Einhaltung von standardisierten Methoden wie bei quantitativer Forschung, sondern die Offenheit gegenüber neuen Erkenntnissen.

Qualitative Forschung **ist lebens- und praxisnah.** Sie ermöglicht dem Auftraggeber die Forschung „live" mitzuerleben (z. B. durch Anwesenheit hinter dem Einwegspiegel im Teststudio bei der Durchführung von Gruppendiskussionen oder Interviews oder durch Online Übertragungen). Somit ist **die Datenerhebung transparent.** Häufig kann der **Auftraggeber** nicht nur die Erhebung kontrollieren, sondern aktiv **Einfluss nehmen und Anweisungen geben** (Holzhauer und Naderer 2011, S. 18).

Fälschlicherweise wird qualitativer Marktforschung auch Strukturlosigkeit unterstellt (Naderer und Balzer 2011, S. 6). Denn im Gegensatz zur quantitativen Forschung ist **der qualitative Forschungsprozess nicht so genau festgelegt wie bei quantitativen Methoden** (Magerhans 2016, S. 167). Jedoch gibt es auch für jede qualitative Methode eine vorgefestigte Struktur.

Die Datenerhebung und Datenanalyse ist **sehr zeitaufwendig** (Magerhans 2016, S. 167). Vor allem die Transkription von z. B. Interviews oder Gruppendiskussionen und auch die Planung der Termine bedarf Zeit (Kap. 5).

Es werden sehr **kleine Stichprobengrößen** verwendet. Meist gibt es weniger als 100 Teilnehmer, manchmal sogar unter 10 Teilnehmer, so dass die **Ergebnisse nicht repräsentativ** sind (Magerhans 2016, S. 167). Da die qualitative Forschung darauf abzielt tiefere Einblicke in Entscheidungskriterien (z. B. Erwartungen und Einstellungen) und Motivationsstrukturen kleiner Stichproben zu gewinnen ist Repräsentativität auch nicht das erklärte Ziel qualitativer Forschung.

Bei der Auswertung werden **beschreibende Aussagen** getroffen. Das Ergebnis wird interpretiert und ist kontextspezifisch (Magerhans 2016, S. 168). Auch wenn unerfahrene Forscher dazu tendieren Aussagen zu quantifizieren (z. B. „20 % der Befragten befürworteten Konzept 1"), so steht bei der qualitativen Auswertung nicht die Quantifizierung, sondern eher die inhaltliche Herausarbeitung relevanter Inhalte oder Themenkomplexe im Vordergrund.

Ein qualitativer Marktforscher sollte **methodisch gut geschult und inhaltlich gut vorbereitet sein** (Magerhans 2016, S. 168). Auch wenn es zunächst einfach erscheint z. B. die Erhebungsinstrumente für ein Interview selbst zu erstellen und Interviews zu führen, so erfordert die Gesprächsvorbereitung, Gesprächsführung und Gesprächsauswertung viel Übung und ein gewisses Fachwissen, das sich aus Methodenbüchern aneignen lässt (siehe Kap. 5). Für die Durchführung eines eigenen kleinen Marktforschungsprojektes sollte man sich daher über die Methode informieren und sich inhaltlich auf das Themengebiet vorbereiten, damit man in einem Interview gegebenenfalls inhaltlich nachfassen kann. Aktuell sind viele qualitative Marktforscher Quereinsteiger (Naderer und Balzer 2011, S. 10) auch aus angrenzenden wissenschaftlichen Disziplinen wie z. B. den Sozialwissenschaften oder der Psychologie.

> **Charakteristika qualitativer Forschung**
> Qualitative Marktforschung ist praxisnah und vielfältig einsetzbar, um Themengebiete zu explorieren. Sie verwendet kleine Stichproben und ist somit nicht repräsentativ. Die Ergebnisse basieren primär auf Textauswertungen und sind beschreibender Natur.

1.2   Akteure der Marktforschung

In Deutschland gibt es eine Vielzahl von Unternehmen, die in der Marktforschungsbranche tätig sind. Diese Unternehmen haben jeweils sehr unterschiedliche Leistungsspektren. Im Jahr 2016 waren insgesamt 19.120 Personen (ADM n. d.b) in den 113 Marktforschungsinstituten in Deutschland tätig (ADM n. d.c). Eine Auflistung der Hauptakteure der Marktforschung befindet sich in Tab. 1.1.

Tab. 1.1   Akteure der Marktforschung

Full-Service Institute/ Marktforschungsinstitute (Mafo-Institut)	Haben meist eine gewisse Größe und bieten alle Leistungen innerhalb eines Marktforschungsprozesses von der Planung, Durchführung und Analyse an
Felddienstleister	Unterstützen bei der Datenerhebung, insbesondere bei der Rekrutierung von Teilnehmern, Bereitstellung von Interviewern und führen die Datenerhebung durch. Sie übernehmen im Auftrag oft die Feldarbeit für Full-Service Institute
Teststudios	Bieten die physischen Räumlichkeiten für die Durchführung von Befragungen, Tests und Verkostungen an z. B. Interviewräume, Gruppendiskussionsräume
Hochschulen	Führen für Interessenten Auftragsforschung durch
Forschungsinstitute	Erarbeiten Typologien und Prognosen
Informationsbroker	Beschaffen Informationen aus Datenbanken oder dem Internet
Marktforschungsberater	Unterstützen kleine und mittelständige Unternehmen bei der Planung und Durchführung eigener Marktforschungsstudien als selbstständig tätige Berater
EDV-Dienstleister	Bieten Software und Hardwarelösung für die Datenerhebung, Datenanalyse und langfristige Datenspeicherung
Verlage, Verbände und Industrie- und Handelskammern	Stellen relevante Informationen bereit und geben Studien zum Mediennutzungsverhalten in Auftrag

Quelle: Magerhans (2016, S. 60 f.) und Weis und Steinmetz (2012, S. 49 f.)

Für die Durchführung einer eigenen Marktforschungsstudie können betriebliche Marktforscher, die in der Marktforschungsabteilung eines Unternehmens arbeiten, die Dienstleistungen z. B. der Marktforschungsberater, Felddienstleister oder Teststudios in Anspruch nehmen. Wenn Fremdmarktforschung erforderlich ist, greifen Unternehmen typischerweise zu Full-Service Instituten. Das nächste Kapitel erläutert die Vorgehensweise und Planung einer eigenen Marktforschungsstudie.

Vorgehensweise bei der Untersuchungsplanung und Forschungsdesign

2

2.1 Ablauf und Planung einer qualitativen Marktforschungsstudie

In der Literatur gibt es unterschiedlichste Prozessmodelle für die Planung einer Marktforschungsstudie. Im Endeffekt ähneln sich diese Modelle und lassen sich auf den typischen Planungsablauf in fünf Prozessschritten, den **5 D's der Marktforschung,** reduzieren (Magerhans 2016, S. 47; Koch et al. 2016, S. 11; Kuß et al. 2018a, S. 9):

1. **D**efinition (des Untersuchungsproblems und Festlegung der Untersuchungsziele)
2. **D**esign (der Marktforschungsstudie und Entwicklung der Messinstrumente)
3. **D**atengewinnung
4. **D**atenanalyse
5. **D**okumentation

Diese fünf Prozessschritte werden in den folgenden Abschnitten erklärt.

2.2 Definition des Untersuchungsproblems und Festlegung der Untersuchungsziele

Die Durchführung einer Marktforschungsstudie dient dazu, Unsicherheit zu reduzieren und eine bessere Informationsbasis für Entscheidungen zu haben. Der dadurch entstehende Aufwand der Recherche, Datenerhebung und Datenauswertung

---

Die Originalversion dieses Kapitels wurde revidiert. Ein Erratum ist verfügbar unter https://doi.org/10.1007/978-3-658-25108-6_7

© Springer Fachmedien Wiesbaden GmbH, ein Teil von Springer Nature 2019, korrigierte Publikation 2020
A. Steffen und S. Doppler, *Einführung in die Qualitative Marktforschung,*
essentials, https://doi.org/10.1007/978-3-658-25108-6_2

ist somit in Form einer Kosten-Nutzen Analyse zu betrachten. Nur wenn der Nutzen höher ist als die Kosten, ist eine Marktforschungsstudie sinnvoll (Magerhans 2016, S. 4).

Marktforschung wird aus fünf unterschiedlichen Gründen durchgeführt, **zur Unterstützung der eigenen Meinung** oder zur **Absicherung von Verantwortlichkeiten** bei der Entscheidung über eine geplante Produktneueinführung oder Werbekampagne. Wenn für die Entscheidung, ob das Produkt eingeführt wird oder nicht bzw. die Werbekampagne ausgewählt wird oder nicht, ein Informationsproblem vorliegt, dient die Marktforschung zur Absicherung. Sollte das Produkt oder die Kampagne „floppen", lässt sich die Fehlentscheidung der Produkteinführung nach Durchführung einer Marktforschungsuntersuchung besser rechtfertigen. Des Weiteren werden Marktforschungsuntersuchungen durchgeführt, um bei firmeninternen Machtspielen **Entscheidungen zu verzögern.** Marktforschung kann auch **vor Gericht bei juristischen Prozessen** wie z. B. der Überprüfung von ähnlich klingenden oder aussehenden Markennamen durchgeführt werden. Außerdem wird Marktforschung durchgeführt, **um Argumente für die Werbung zu verstärken** (Kuß et al. 2018a, S. 4), z. B. mit Aussagen wie „85 % der Studienteilnehmer würden das Produkt weiterempfehlen".

Die richtige Definition des Untersuchungsproblems und die Festlegung der Ziele sollten sehr sorgfältig durchgeführt werden, damit nicht am Thema „vorbeigeforscht" wird (Kuß et al. 2018a, S. 9). Um das Untersuchungsproblem festlegen zu können, **muss zunächst der Informationsbedarf festgestellt werden.** Es sollte hier zwischen dem Entscheidungsproblem der Marketingabteilung und dem Marktforschungsproblem unterschieden werden. Welche Informationen fehlen der Marketingabteilung für ihre Entscheidung und welche Informationen muss die Marktforschungsabteilung dafür noch intern oder extern beschaffen? In der Hochschulforschung würde man hierfür eher den Begriff Forschungsfrage verwenden.

Das Untersuchungsproblem wird für qualitative Forschungsansätze offener formuliert als in der quantitativen Forschung. Ein solch offenes Vorgehen ermöglicht es dem Forschenden, bislang nicht bekannte Sachverhalte aufzudecken. Dazu formuliert der Forschende im Vorfeld offene Fragen und fordert seine Experten im Interview zur „offenen Erzählung" oder Meinungsäußerung auf. Daraus resultiert bei kleiner Stichprobe umfassendes Material, das aufbereitet und analysiert wird.

Die Fragestellung wird in der Marktforschung vom Auftraggeber vorgegeben. In der betrieblichen Marktforschung wird diese von der Marketingabteilung in die Marktforschungsabteilung weitergegeben. In einem akademischen Forschungsprojekt erstellt der Wissenschaftler bzw. der Student die Forschungsfrage und Forschungsziele, die sich aus der bisherigen Literaturrecherche ergeben. Danach wird in allen drei Fällen das weitere Untersuchungsdesign geplant.

2.3 Design einer Marktforschungsstudie

„Das Untersuchungsdesign (Untersuchungsart, Untersuchungsplan, Forschungs-design, Studiendesign, „research design") charakterisiert ganz allgemein die methodische Vorgehensweise einer Studie" (Döring und Bortz 2016a, S. 182). Döring und Bortz (2016a, S. 182) verwenden auch synonym den Begriff „Unter-suchungsstrategie". Hier in diesem Buch wird zwischen Design und Strategie unterschieden, wobei die Wahl des **Studiendesigns** abhängig vom Forschungs-ziel ist und bestimmt, welche Erhebungsinstrumente in Betracht kommen (Koch et al. 2016, S. 40). Unter **Strategie** werden weiterführende grundlegende Vor-gehensweisen zusammengefasst, die zur Zielführung beitragen (Sekundär- vs. Primärforschung, qualitative oder quantitative Forschung, Querschnitt- oder Längsschnittuntersuchung und Eigen- vs. Fremdmarktforschung).

2.3.1 Studiendesign

Grundlegend wird hier zwischen explorativen, deskriptiven und experimentellen (kausalen) Designs unterschieden (Koch et al. 2016, S. 11; Olbrich et al. 2012, S. 50; Magerhans 2016, S. 48).

Explorative Forschung ist typisch für qualitative Forschungsansätze, die offene Forschungsfragen beantworten. Sie dient dazu, Problemstellungen zu erkunden oder eine Theorie zu bilden (Döring und Bortz 2016a, S. 92).

Deskriptive Forschung beschreibt ganze Populationen oder heterogene Stichproben möglichst präzise im Hinblick auf die Verbreitung ausgewählter Merkmale (Döring und Bortz 2016a, S. 192).

Explikative bzw. kausale Untersuchungen klären Sachverhalte (Magerhans 2016, S. 48). Sie sind hypothesenüberprüfend und untersuchen Ursache-Wirkungsprinzipien. Diese sind meist vollstrukturelle, quantitative Studien, die Effekte und Abhängigkeiten testen. Sie arbeiten mit homogenen Stich-proben, die bevölkerungsrepräsentativ sind, um Störvariablen auszuschalten und Ursache-Wirkungs-Beziehungen mit hoher interner Validität zu belegen. Solche Studien weisen Einbußen bei der externen Validität (siehe Diskussion zu Güte-kriterien in Kap. 4) auf, d. h. sie sind nicht auf andere Gruppen (z. B. Berufs-gruppen oder Branchen) übertragbar (Döring und Bortz 2016a, S. 192).

Bei neuen, wenig erforschten Themen, für die es wenig theoretische Grundlage gibt, wird zumeist erst explorativ mit qualitativen Erhebungsmethoden erhoben (z. B. zum Thema Akzeptanz des autonomen Fahrens). Sofern bereits Theorien zu dem Thema gebildet wurden, wird häufig deskriptiv mit quantitativen Erhebungsmethoden weiter erhoben. Sollte das Thema schon umfassend beleuchtet sein, können z. B. zwei Variablen gesondert herausgesucht und die Ursachen-Wirkungsbeziehung zwischen den beiden Variablen in einem Experiment betrachtet werden (z. B. die Auswirkung von Preissenkungen eines Produktes auf das Kaufverhalten der Konsumenten).

2.3.2 Strategieauswahl

Nachdem ein Unternehmen grundlegende Entscheidungen über den Charakter der Studie (explorativ, deskriptiv oder explikativ) getroffen hat, muss es die Vorgehensweise bei der weiteren Forschung festlegen. Dafür wird eine Forschungsstrategie festgelegt für die folgende Entscheidungen getroffen werden:

- Reicht die Sekundärforschung oder müssen Daten primär erhoben werden?
- Wird eine quantitative oder qualitative Untersuchung zum Erreichen der Forschungsziele durchgeführt?
- Wird eine Querschnittsuntersuchung oder eine Längsschnittuntersuchung geplant?
- Soll Eigenmarktforschung oder Fremdmarktforschung verwendet werden?

2.3.2.1 Sekundär- vs. Primärmarktforschung

Der Marktforschungsprozess wird von der Marketingabteilung angestoßen, indem Informationsbedarf festgestellt wird. Nun führt die Marktforschungsabteilung **Sekundärforschung** durch um zu erörtern, ob das Informationsproblem schon durch **interne oder externe Quellen** teilweise oder vollständig gelöst werden kann (Koch et al. 2016, S. 11). Bei Sekundärforschung werden Daten analysiert und ausgewertet, die bereits vorliegen, weil sie für einen anderen Zweck erhoben wurden. Solch eine Auswertung ist schneller und kostengünstiger als eine eigene Erhebung. Nachteilig kann jedoch sein, dass die vorhandenen Daten das Informationsproblem nicht vollständig lösen (Koch et al. 2016, S. 41), beispielsweise weil sie nicht aktuell oder nicht vollständig sind.

Im Folgenden soll das Beispiel der „Preisakzeptanz bei einer Produktneueinführung" den Unterschied zwischen Sekundär- und Primärforschung verdeutlichen: Im genannten Beispiel liegen eventuell im eigenen Unternehmen für ähnliche Produkte schon Preisstudien aus Vorjahren vor (interne Quelle). Oder es existieren externe Studien (von anderen Dienstleistern), wie z. B. Branchenberichte oder Statista-Dossiers zur Preisbereitschaft von Kunden in der

Produktgruppe allgemein. Viele solcher Studien können im Internet recherchiert und bezogen werden. Teilweise sind Studien käuflich zu erwerben, teilweise stehen Studien beispielsweise von Branchenverbänden aber auch kostenlos zu Verfügung.

Sofern das Informationsproblem durch Sekundärforschung noch nicht gelöst werden kann, wird Primärforschung durchgeführt. Unter **Primärforschung** versteht man Forschung, die gezielt für das Lösen des Untersuchungsproblems durchgeführt wird (Kuß et al. 2018a, S. 11). Die Marktforschungsabteilung überprüft nun die Preisbereitschaft von Kunden für das neue Produkt und gibt diese Information an die Marketingabteilung weiter. Diese setzt den Preis dann im Rahmen des Marketing-Mixes (Produkt- und Leistungspolitik, Preis- und Konditionenpolitik, Distributionspolitik und Kommunikationspolitik) (Meffert 2015, S. 22) fest. Sobald das Produkt mit dem vorgeschlagenen Preis in den Markt eingeführt wurde, wird der Preis von der Marktforschungsabteilung bei Bedarf erneut überprüft und liefert Erkenntnisse für zukünftige Marketingentscheidungen und Anpassungen.

2.3.2.2 Qualitative vs. quantitative Forschung

Der quantitative und qualitative Forschungsansatz unterscheidet sich grundlegend darin, *wie* Erkenntnisse über die untersuchte Wirklichkeit gewonnen werden. Entsprechend ist die dahinter liegende Forschungslogik unterschiedlich. Während in der quantitativen Forschung aus der Theorie Hypothesen abgeleitet werden, die dann mittels Datenerhebung und statistischen Auswerteverfahren der Hypothesen-Überprüfung unterzogen werden (induktives Vorgehen), folgt der qualitative Forschungsansatz einer theoriebildenden Forschungslogik (deduktives Vorgehen) oder einem abduktives Vorgehen:

Induktives Vorgehen ist im qualitativen Forschungsparadigma etabliert. Der Erkenntnisprozess beginnt mit den Daten. Es wird vom Speziellen (Erkenntnisse aus den erhobenen Daten) auf das Allgemeine (Theoriebildung) geschlossen. In einer analytischen Verallgemeinerung werden Theorien gebildet oder bestätigt, die dann in einem zweiten Schritt in quantitativer Forschung überprüft werden kann (Döring und Bortz 2016a, S. 35).

Deduktives Vorgehen ist im quantitativen Forschungsparadigma etabliert. Es wird vom Allgemeinen (Theorie) auf das Spezielle geschlossen. Der Erkenntnisprozess beginnt hier mit einer Theorie bzw. einem Modell, aus dem man empirisch überprüfbare Hypothesen ableitet. Von der Stichprobe wird dann auf die Grundgesamtheit geschlossen (statistische Verallgemeinerung). Wenn die erhobenen Daten die Theorie widerlegen führt dies zu einer Kritik der Theorie; wenn die Daten die Theorie bestätigen gilt die Theorie unter der genannten Versuchsbedingungen als bestätigt (Döring und Bortz 2016a, S. 35).

Beim **abduktiven Vorgehen** beginnt der Erkenntnisgewinn, wie in der qualitativen Forschung, mit Daten. Allerdings werden nicht, wie in der Induktion, Muster gesucht, sondern es werden gerade die unverständlichen Merkmals-kombinationen gesucht und betrachtet. Dies bewirkt einen gedanklichen Sprung, es werden neue Hypothesen gebildet. Die Abduktion ist ein kreativer Prozess zur Bildung neuer Theorien (Döring und Bortz 2016a. S. 35). Für die betrieb-liche Marktforschung oder für akademische Arbeiten auf Bachelorlevel ist dieses Forschungsparadigma eher ungeeignet, da zu viele Daten erhoben werden müssten.

Döring und Bortz (2016a, S. 182) beleuchten das Thema Untersuchungsdesign sehr ausführlich und unterscheiden zwischen neun verschiedene Klassifikations-kriterien für Untersuchungsdesigns. Diese Kriterien stehen teilweise in einem hierarchischen Verhältnis zueinander, so dass sich die Wahl eines Kriteriums auf die weiteren Kriterien auswirkt. Je nach Wahl des Untersuchungsdesigns können unterschiedliche Kombinationen von Erhebungs- und Auswertungsverfahren ein-gesetzt werden (Döring und Bortz 2016a, S. 182).

Die Charakteristika und Vorteile der qualitativen Forschung wurden bereits in Kap. 1.1 erläutert.

2.3.2.3 Querschnitt- vs. Längsschnittuntersuchung

Die **Querschnittsanalyse** ist eine einmalig durchgeführte Erhebung oder auch „Momentaufnahme" zu einem bestimmten Zeitpunkt. Insbesondere Konsum-güterhersteller sind für die Bewertung neuer Produktideen oder für die Ermittlung der Kaufkraft an solch einer Momentaufnahme zum jetzigen Zeitpunkt interessiert (Magerhans 2016, S. 72).

Möchte man Veränderungen im Zeitverlauf bewerten, so müssen mehrere Erhebungen zu unterschiedlichen Zeitpunkten im **Längsschnitt** (z. B. monat-lich, quartalsweise oder jährlich) durchgeführt werden. Wenn bei diesen Studien dieselben Probanden im Zeitverlauf befragt werden, wird solch eine Längs-schnittuntersuchung auch Panel genannt (Magerhans 2016, S. 72; Döring und Bortz 2016a, S. 212). Sofern die Zielgruppen schwierig zu erreichen sind oder eine Längsschnittanalyse über mehrere Jahre geplant wird, ist eine Befragung für betriebliche Marktforschende mit hohem Aufwand verbunden (außer es werden die Kunden aus der eigenen Datenbank befragt). Bei komplexen Fragestellungen ist es sinnvoll, die eigenen Kompetenzen und Ressourcen zu überprüfen und ggf. die Studie an Full-Service Institute zu vergeben.

2.3.2.4 Eigen- vs. Fremdmarktforschung

Prinzipiell kann jedes Unternehmen zur Lösung seines Untersuchungsproblems eine eigene Marktforschungsstudie durchführen, sofern es die dafür benötigten zeit-lichen und personellen Ressourcen hat (Magerhans 2016, S. 58). Man spricht in diesem Fall von **Eigenmarktforschung.** Je nach Organisationsaufbau wird bei der Problemlösung entweder die Marketingabteilung bzw. die Werbeabteilung oder Vertriebsabteilung aktiv oder es werden abteilungsübergreifende Marktforschungs-projektgruppen gebildet (Magerhans 2016, S. 57). Vorteile von Eigenmarktforschung (Kap. 1) sind beispielsweise, die Vertrautheit mit dem Untersuchungsgegenstand, geringere Kosten, schnelle Reaktion und bessere Kommunikation. Die Gefahr von Übertragungsfehlern beim Briefing mit einem Teststudio oder die Geheim-haltung wird nicht gefährdet. Jedoch eignen sich manche Erhebungsmethoden (z. B. Panels) nicht für die Eigenmarktforschung. Des Weiteren kann die eigene Erhebung subjektiv oder durch Betriebsblindheit geprägt sein und dadurch im eigenen Unter-nehmen nicht anerkannt werden (Weis und Steinmetz 2012, S. 47). Wenn es beispielsweise keine gesonderte Marktforschungsabteilung gibt und die Marketing-abteilung Erhebungen eigenständig durchführt, haben die Mitarbeiter evtl. Interesse an bestimmten Ergebnissen, damit ihr Projekt vorangetrieben wird. Somit fehlt eine objektive Betrachtung bei der Auswertung und Interpretation.

Wenn das Unternehmen nicht die Kompetenz oder Ressourcen hat, um eine Eigenmarktforschung durchzuführen, benötigt es Hilfe von Dienstleistern. Diese Art von Marktforschung wird **Fremdmarktforschung** genannt. Die Art der Unterstützung kann von der Übernahme der kompletten Studie inklusive Angebotserstellung, Planung, Durchführung, Analyse und Auswertung auch nur Teilbereiche betreffen (z. B. nur die Rekrutierung der Teilnehmer oder nur die Datenerhebung). Die Vorteile einer Fremdmarktforschung sind die größere Objektivität, schnelle Durchführung, der Einsatz von Experten mit Fachkenntnis und die höhere Akzeptanz. Nachteilig ist, dass die Dienstleister Einarbeitungszeit benötigen, insgesamt höhere Kosten anfallen, die Geheimhaltung gefährdet ist und Kommunikationsprobleme auftauchen können (Weis und Steinmetz 2012, S. 47).

2.4   Hinweise für die Projektplanung

Die frühzeitige Planung der Datenerhebung ist für einen erfolgreichen Projekt-abschluss notwendig. Sowohl in der wissenschaftlichen Forschung als auch in betrieblichen Forschungsprojekten gibt es zeitliche und inhaltliche Vorgaben, die unbedingt eingehalten werden müssen. In betrieblichen Forschungsprojekten gibt es evtl. „Gatekeeper" oder „Informationswächter", die wichtige Informationen verwalten oder Personen, deren Zustimmung bei bestimmten Prozessschritten benötigt wird. Ein typischer Projektplan für ein qualitatives Marktforschungs-projekt, hier am Beispiel einer Gruppendiskussionen, die in Fremdmarktforschung durchgeführt wurde, wird in Tab. 2.1 dargestellt. Die Information in Klammern enthält Hinweise zu den Dienstleistern, die diese Prozessschritte ausführen.

Tab. 2.1 Beispielhafter Projektplan für eine qualitative Fremdmarktforschungsstudie

Projektaufgabe/Woche	1	2	3	4	5	6	7	8	9	10	11	12
Definition des Untersuchungsproblems (Auftraggeber)	X											
Sekundärforschung (Unternehmen ggf. Mafo-Institut)		X										
Angebotserstellung und Festlegung des Erhebungsdesigns (Mafo-Institut)			X									
Entwicklung der Erhebungsinstrumente (Mafo-Institut) und Pre-Test (siehe Kap. 4)				X	X							
Planung der Datenerhebung (Mafo-Institut)				X	X							
Durchführung der Datenerhebung (Felddienstleister)						X	X	X				
Nachbereitung der Daten (Transkription, Dateneingabe, Bereinigung) (Mafo-Institut)						X	X	X				
Datenanalyse (Mafo-Institut, freie Mitarbeiter)									X	X		
Berichterstellung (Mafo-Institut)									X	X	X	
Präsentation beim Kunden (Mafo-Institut)												X

Quelle: Eigene Darstellung

Je nach Arbeitsaufwand können Marktforschungsprojekte auch schneller durchgeführt werden. Bei einigen Methoden, z. B. Tiefeninterview oder Gruppendiskussion, ist die Nacharbeit und Auswertung aufwendig und beansprucht viel Zeit. Eine schnellere Auswertung ist meist nur mit mehr Personal oder zulasten der Genauigkeit möglich. In Kap. 5 werden Softwareprogramme vorgestellt, die bei der Auswertung unterstützen können.

▷   Wenn ein qualitatives Forschungsprojekt auf Hochschulebene durch-
     geführt werden soll, bedarf es evtl. der Genehmigung des Unter-
     suchungsdesigns durch ein Ethikkomitee. All diese Prozessschritte
     benötigen viel Zeit und sollten eingeplant werden. Wo befinden sich
     im Projekt solche „Leerzeiten" oder „Zeitfresser"? Gibt es womöglich
     „Bottlenecks" (Urlaub eines Vorgesetzten/Betreuers, Sitzungstermine
     der Entscheidungsträger usw.) ohne die man nicht weiterarbeiten
     kann?

Informationen zu den weiteren Prozessschritten Datengewinnung, Datenanalyse
und Dokumentation befinden sich in den nachfolgenden Kapiteln.

Stichproben auswählen 3

Qualitative Forschung erfolgt selten an einer Grundgesamtheit, sondern wird anhand einer Stichprobe durchgeführt. Die Stichprobe ist, im Unterschied zur quantitativen Forschung, klein und meist nicht repräsentativ, d. h. eine große Stichprobe führt nicht per se zu einer höheren Validität der Ergebnisse (Kelle 2015, S. 500). In der Regel ist die Stichprobe kleiner als hundert und oft kleiner als zehn (Kuß et al. 2014, S. 53; Meyer und Reutterer 2009, S. 237), bzw. im ein- oder unteren zweistelligen Bereich (Döring und Bortz 2016, S. 540). Die Auswahl erfolgt nicht per Zufall, sondern absichtsvoll bzw. bewusst nach festgelegten Kriterien (Hussy et al. 2013b, S. 194). In der qualitativen Forschung ist nicht die Stichprobengröße das zentrale Kriterium für die Stichprobenziehung, sondern die „Fallkontrastierung" (Kelle 2015, S. 499). Diese ermöglicht es dem Forschenden, Muster zwischen „bewusst gezogenen Einzelfällen" (Kelle 2015, S. 500) zu ziehen. Samplegrößen werden in der qualitativen Forschung nicht mit ‚$n=$' angegeben (Döring und Bortz 2016b, S. 304–305), sondern nur als Zahl, z. B. zehn Experten wurden befragt.

3.1 Homogene vs. heterogene Stichproben

Stichproben in der qualitativen Forschung werden hinsichtlich ihrer Homogenität unterschieden

1. Homogene gezielte Stichprobe: Die Fälle bzw. Personen werden über einen Rekrutierungsweg angesprochen, es wird ein kleines Sample zusammengestellt (Döring und Bortz 2016b, S. 304–305). Im Fall vorgefundener Dokumente werden gezielt Dokumente herangezogen, beispielsweise aus einem Archiv oder aus einem Medium, wie z. B. der Regionaltageszeitung. Gerade

homogene Stichproben können bei Gruppendiskussionen hilfreich sein, damit nicht Grundsatzdiskussionen geführt werden. Man verzichtet oft bewusst auf mehr Repräsentativität.

2. Heterogene gezielte Stichprobe: Die Fälle werden breit gestreut und über unterschiedliche Rekrutierungswege angesprochen, z. B. in einer qualitativen schriftlichen Befragung über verschiedene Social Media Plattformen. Daraus resultiert in der Regel eine größere Stichprobe als bei homogenen Verfahren (Döring und Bortz 2016b, S. 304–305). Im Fall vorgefundener Dokumente werden gezielt Dokumente herangezogen, z. B. aus unterschiedlichen Medien zu einem Thema (Regionalzeitungen, internationale Presse, TV, Archive).

3.2   Stichprobenplan erstellen

Der Stichprobenplan wird in Abhängigkeit von dem Entscheidungsproblem, das es in der Marktforschung zu lösen gilt, erstellt (Abb. 3.1). Sollen beispielsweise die Akzeptanz autonomer Flugtaxis erforscht werden oder die Preisgestaltung für ein neues Senioren-Smartphone für über 70-Jährige? Im ersten Beispiel würde die Stichprobe nationale und internationale Interessensvertreter beispielsweise aus der Wirtschaft, den Ländern und Kommunen, der Luft- und Raumfahrttechnik sowie potenzielle Nutzergruppen berücksichtigen, um einen möglichst umfassenden Blick auf das Phänomen zu erhalten. Im zweiten Beispiel wäre die Stichprobe recht homogen und würde sich mit der angestrebten Zielgruppe auseinandersetzen,

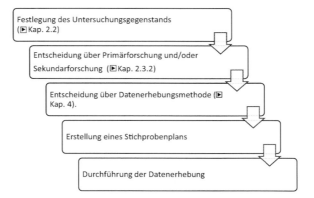

Abb. 3.1 Stichproben: Vorgehen in der Qualitativen Marktforschung. (Bausch, T. 1990, S. 18)

also Probanden mit Kaufabsicht berücksichtigen, die sich hinsichtlich Geschlecht und Renten-Einkommen unterscheiden. Bei interner betrieblicher Marktforschung wird der Stichprobenplan in der Marktforschungsabteilung erstellt, z. B. auf Basis vorhandener Kundendaten. Bei beauftragter Marktforschung erstellt der Dienstleister den Stichprobenplan. Marktforschungs-Dienstleister (z. B. Felddienstleister) verfügen über eigene Datenbanken, in denen sie die Teilnehmer rekrutieren können. Wird ein Marktforschungsinstitut mit der Studie beauftragt ist die Stichprobe bereits im präsentierten Studiendesign definiert und damit fester Bestandteil des Angebots.

In Forschungsarbeiten, wie beispielsweise einer Bachelorarbeit, erstellt der Forschende den Stichprobenplan in Abstimmung mit dem Betreuer der Arbeit. Hier ist die Schwierigkeit, dass an Hochschulen keine Datenbanken existieren, aus denen sich die Stichprobe rekrutieren ließe. Dann muss in enger Abstimmung mit dem Betreuer gezielt nach passenden Probanden gesucht werden, beispielsweise über Netzwerke wie Research Gate, LinkedIn oder Xing.

▷   Bei der Rekrutierung von Probanden können Felddienstleister wert-
     volle Unterstützung anbieten. Sie verfügen über umfangreiche Daten-
     banken, in denen sich Nutzer als potenzielle Probanden registrieren.
     Für jede angenommene Studie erhält der Proband eine Vergütung
     (z. B. 3 EUR für eine Online-Umfrage bis zu 150 EUR für die Teilnahme
     an einer Online Fokus-Gruppe, je nach Zeituafwand und Zielgruppe).
     Über die Teilnahme entscheidet der Proband von Fall zu Fall.

Die theoretischen Ansätze für die Wahl einer Stichprobe werden nachfolgend erklärt.

3.2.1 Bottom-up

Ziel der Bottom-up Stichprobenauswahl (auch theoretische Stichprobe genannt) ist es, ein Phänomen in seiner ganzen Variabilität abzubilden, beispielsweise das Erkunden des Images der Stadt Heidelberg als Veranstaltungsdestination. Bei sehr vagen Fragestellungen ist das Ausmaß der Teilnehmergruppe zu Beginn noch unklar und ergibt sich mit zunehmenden Erkenntnisgewinn im Verlauf der Untersuchung. Bottom-up Stichproben erfolgen nach zwei Prinzipien: dem 1) der maximalen Ähnlichkeit und 2) der maximalen Differenz (Hussy et al. 2013b, S. 195–196).

3.2.1.1 Prinzip der maximalen Ähnlichkeit

Es werden zunächst Stichproben aufgenommen, die sich im Hinblick auf einen möglichen Einflussfaktor ähnlich sind. Im Beispiel „Befragung zum Image der Stadt Heidelberg als Veranstaltungsdestination" wurden zunächst fünf Experten aus Heidelberg befragt.

3.2.1.2 Prinzip der maximalen Differenz

Dabei werden sukzessive Teilnehmer rekrutiert, die mit Blick auf diesen Einflussfaktor eine andere Ausprägung aufweisen. Im genannten Beispiel „Befragung zum Image der Stadt Heidelberg als Veranstaltungsdestination" wurden nachfolgend fünf weitere Experten aus Deutschland (nicht Heidelberg), der Schweiz und Österreich befragt.

3.2.2   Top-down

Bei der absichtsvollen Top-down Strategie stehen die Kriterien zu Untersuchungsbeginn fest, weil sie z. B. aus einer Vorstudie übernommen wurden oder bereits Vorwissen darüber bekannt ist, welche Faktoren sich auf den Untersuchungsgegenstand auswirken und sich der Forschende daher mit der Frage von vornherein an eine bestimmte Zielgruppe wendet (Hussy et al. 2013b, S. 196–197). Top-down unterscheidet man 1) qualitative Stichprobenpläne und 2) Auswahl von Fallarten.

3.2.3   Zufallsstichproben

Bei der Zufallsstichprobe – auch Gelegenheits- oder Ad-hoc Stichprobe genannt – findet keine theoretische Reflektion der Auswahl statt. D. h. die Auswahl ist willkürlich und findet im Moment einer günstigen Gelegenheit statt. In der beauftragten Marktforschungspraxis sind Gelegenheitsstichproben eher selten, da die beauftragte Forschung bezahlt wird und der Auftraggeber der Stichprobe mit der Beauftragung zugestimmt hat. Zufallsstichproben sind von einer theoretischen Bottom-up oder Top-down Stichprobe deutlich zu unterscheiden, da sie nicht nach zuvor festgelegten Auswahlkriterien rekrutiert wird.

3.2.4   Fälle

Die Auswahl von Fallarten erfolgt nach der Ausprägung des Falls entweder als typischer Fall, als Extremfall, als intensiver Fall oder als abweichender Fall (Hussy et al. 2013b, S. 197–198):

1. Typischer Fall: Fall, bei dem das interessierende Phänomen eine Ausprägung aufweist, wie sie auch für die anderen Fälle in der Grundgesamtheit charakteristisch ist
2. Extremfall: Fall, bei dem das interessierende Phänomen besonders stark oder besonders schwach ausgeprägt ist
3. Intensiver Fall: Fall, bei dem das interessierende Phänomen besonders stark oder besonders schwach ausgeprägt ist, aber nicht so stark wie im Extremfall
4. Abweichender Fall: Fall, bei dem das interessierende Phänomen eine ungewöhnliche Ausprägung aufweist.

Der Extremfall, der intensive und der abweichende Fall untersuchen jeweils Ausnahmen von der Regel, z. B. was sind die Erfolgsfaktoren eines besonders erfolgreichen Unternehmens in einer Innovations-Branche, oder das Gegenteil, also was waren z. B. außerordentlich gescheiterte Produkteinführungen in einer Innovations-Branche (Meyer und Reutterer 2009, S. 239).

3.2.5   Stichprobenplan erstellen

Die Methode ist dann gut anwendbar, wenn über den Untersuchungsgegenstand bereits Vorwissen besteht, sodass die Merkmale für den Stichprobenplan gut festgelegt werden können. Qualitative Stichprobenpläne zielen auf eine heterogene Stichprobe, die eine möglichst große Variabilität aufweist. Hier werden möglichst alle für den Sachverhalt notwendigen Merkmale benannt und in möglichen, relevanten Merkmalsausprägungen in einer Matrix festgehalten. Meist arbeitet man mit 3 Merkmalen und zwei Ausprägungen (Tab. 3.1).

3.2.6   Stichproben für vorgefundene Dokumente

Sieht der Forschungsansatz eine Dokumentenanalyse vor, basiert die Datenerhebung auf vorgefundenen, also nicht im Forschungsprozess erzeugten Dokumenten. Ein Dokument ist entweder ein Schriftstück auf Papier oder ein digital erzeugtes und

Tab. 3.1 Fiktiver Stichprobenplan Qualitative Studie „Schaffung von Verbraucher-Vertrauen und Zufriedenheit durch nachhaltige Geschäftspraktiken". (Steffen und Doppler 2018)

Konsum und Kaufverhalten Bioprodukte	Geschlecht Männlich (Teilnehmeranzahl)	Geschlecht Weiblich (Teilnehmeranzahl)	Summe
Selten	2	2	4
Gelegentlich	2	2	4
Regelmäßig	2	2	4
Ausschließlich	2	2	4
Summe	**8**	**8**	**16**

vorliegendes Schriftstück mitsamt dem jeweiligen Inhalt. Der Inhalt ist entweder textuell, also schriftlich-verbaler Text (Wolff 2015, S. 502), oder nicht-textuell, also visuell, auditiv, audiovisuell, multimedial oder hypermedial erzeugt (Denzin 2015, S. 417). Wenn eine Dokumentenanalyse im Forschungsdesign vorgesehen wird ist zu beachten, dass Dokumente eine andere Datenqualität darstellen als z. B. Beobachtungsdaten oder Daten, die in einem Interview erhoben wurden. Für die Forschungspraxis bedeutet dies, dass Ergebnisse, die in einer Dokumentenanalyse generiert werden, gesondert von Beobachtungs- oder verbalen Daten ausgewertet und interpretiert werden müssen (Wolff 2015, S. 511).

Scott (1990, in Döring und Bortz 2016, S. 534) unterscheidet „persönliche Dokumente" wie Tagebücher, Briefe, Familienfotos, E-Mails, Kontaktanzeigen, Urlaubsvideos, etc. und „offizielle Dokumente", die in einer formalen Kommunikation von Organisationen und deren Akteure entstanden sind, wie z. B. Geschäftsberichte, Dienstvorschriften, Gesetzestexte, Sitzungsprotokolle, etc. Auch massenmediale Kommunikation wie Radiobeiträge und Zeitungsartikel gehören in diese Gruppe.

Die Dokumentenanalyse arbeitet mit Stichproben von vorgefundenen Dokumenten. Methodische Hinweise für das Ziehen einer aussagekräftigen Dokumentenstichprobe sind wenig verbreitet. Döring und Bortz (2016, S. 538) empfehlen, die in Abschn. 3.2 beschriebenen Verfahren für qualitative Stichproben auch auf die Dokumentenanalyse anzuwenden. Das bedeutet auch hier gilt, dass nicht die Größe der Stichprobe, sondern die Fallkontrastierung (Kelle 2015, S. 499) das entscheidende Kriterium bei der Stichprobenziehung sein sollte. Ein Problem der

Stichprobenziehung ist der Grad der Zugänglichkeit der Dokumente, der über die ausgewählte Stichprobe entscheiden kann. Die Qualität vorgefundener Dokumente kann eingeschränkt sein hinsichtlich der Glaubwürdigkeit, Authentizität und Repräsentativität der vorgefundenen Dokumente.

Aspekte der Forschungsethik spielen in der Analyse vorgefundener Dokumente eine große Rolle. So stellt sich hier die Frage, ob Dokumente von Personen, die nichts darüber wissen, analysiert werden dürfen (siehe auch Abschn. 4.7).

Daten erheben

In der Marktforschung werden unterschiedliche Datenerhebungsmethoden eingesetzt. Die Methodenwahl ist vom Untersuchungsziel abhängig. Für die explorative, qualitative Forschung eignen sich besonders offene Interviews, die psychologische Exploration, Tiefeninterviews und Gruppendiskussionen. Für die deskriptive, quantitative Forschung werden standardisierte Interviews, schriftliche Befragungen, telefonische Interviews, computergestützte Interviews und Befragungen über das Internet verwendet (Koch et al. 2016, S. 47).

Gruppendiskussionen werden in der qualitativen Marktforschung gerne eingesetzt, weil viele Auftraggeber mit der Methode vertraut sind und diese Methode daher eher verwenden (Holzhauer und Naderer 2011, S. 18). Andere qualitative Erhebungsmethoden (z. B. qualitative Interviews, ethnografische Beobachtungen, Kreativworkshops usw.) werden hingegen seltener eingesetzt. Nur weil eine Methode bekannt ist, bedeutet es nicht, dass sie auch qualitativ hochwertig umgesetzt wird. Doch woher weiß man in der qualitativen Forschung, ob eine Untersuchung „gut" im Sinne von vertrauenswürdig und aussagekräftig ist? Nachfolgende Qualitätskriterien der Marktforschung helfen, dies zu beantworten.

4.1 Qualitätskriterien der Marktforschung

Für jede durchzuführende Marktforschungsstudie gelten bestimmte Qualitätskriterien, die in der Forschungsliteratur auch **Gütekriterien** genannt werden. Typischerweise werden wissenschaftliche Untersuchungen nach Objektivität, Reliabilität und Validität bewertet (Hussy et al. 2013a, S. 276).

© Springer Fachmedien Wiesbaden GmbH, ein Teil von Springer Nature 2019
A. Steffen und S. Doppler, *Einführung in die Qualitative Marktforschung,*
essentials, https://doi.org/10.1007/978-3-658-25108-6_4

4.1.1 Objektivität

Marktforscher sollten keinen subjektiven Einfluss auf ihre Teilnehmer ausüben und sich objektiv verhalten. **Objektivität** bedeutet, dass diese „frei von subjektiven Einflüssen und damit intersubjektiv nachprüfbar sind" (Magerhans 2016, S. 87). In diesem Kontext ist eine objektive Datenerhebung insbesondere bei der qualitativen Forschung kaum realisierbar und nicht erstrebenswert, da bei einer qualitativen Erhebung die soziale Situation einen großen Einfluss hat. Hussy et al. (2013a, S. 277) schlagen daher vor, **statt Objektivität das Konzept der inneren Vergleichbarkeit** für die Qualitätsbewertung zu nehmen. Bei qualitativen Untersuchungen können und sollen sich Forschende Teilnehmern gegenüber nicht immer genau gleich verhalten. Objektivität entsteht dadurch, dass der Proband aus sich herauskommt. Der Forscher sollte die äußerliche Situation (z. B. Geräusche, Räumlichkeiten, Thematik usw.) mit einbeziehen und sich personenspezifisch verhalten, so dass eine vertraute Atmosphäre entsteht (Hussy et al. 2013a, S. 277).

Während der Datenerhebung wird von **Durchführungsobjektivität** gesprochen. Objektivität ist „die Unabhängigkeit der Daten von der Person der Forscherin oder des Forschers" (Hussy et al. 2013a, S. 277). Das bedeutet, dass verschiedene Forscher unter den gleichen Bedingungen zu den gleichen Ergebnissen gelangen müssen (Unabhängigkeit der Resultate von Versuchssituation und Versuchsleiter) (Hussy et al. 2013a, S. 23). Die Untersuchung muss also theoretisch und empirisch nachvollzogen werden können. Dies kann dann erreicht werden, wenn Durchführung, Auswertung und Interpretation nachvollziehbar dokumentiert und weitgehend standardisiert sind. In der qualitativen Forschung ist Standardisierung nicht durchgängig umsetzbar. Daher ist eine penible Dokumentation des Forschungsprozesses (Daten, Uhrzeit, Personen, Randbedingungen) und die Anwendung von z. B. einem Interviewleitfaden unumgänglich. Bei der Datenerhebung sollte die **Durchführungsobjektivität** gewahrt werden, so dass die gesamte Durchführung möglichst frei von subjektiven Einflüssen ist (Magerhans 2016, S. 87). Richtlinien für die Teilnehmerrekrutierung und ein Interviewleitfaden helfen die Erhebung objektiv durchzuführen.

Um die Objektivität während der Auswertung zu verbessern **(Auswertungsobjektivität)**, kann z. B. beim Kodieren von Interviewtranskripten oder einer Inhaltsanalyse die **Intersubjektivität** überprüft werden, indem zwei Forscher unabhängig voneinander kodieren und die Übereinstimmung gemessen wird (Hussy et al. 2013a, S. 277).

Speziell in der qualitativen Marktforschung bedeutet Objektivität

1. dass in einer Verfahrensdokumentation alle Vorgehensweisen sorgfältig fest-gehalten und nachvollziehbar beschrieben werden.
2. Dass Interpretationen immer zu begründen sind, da diese eine entscheidende Rolle in der qualitativen Forschung spielen (Hussy et al. 2013a, S. 23).

4.1.2 Reliabilität (Verlässlichkeit)

Die Ergebnisse einer Studie sind verlässlich, wenn mit einer erneuten Durchführung gleiche bzw. reproduzierbare Ergebnisse erhalten werden (Wiederholungsreabilität) (Magerhans 2016, S. 102; Kuß et al. 2018a, S. 24). Auch dieses Gütekriterium der **Wiederholungsrealiabilität** ist in der qualitativen Forschung nicht erstrebenswert bzw. wird sogar abgelehnt. Jede Situation z. B. in einem qualitativen Interview ist einzigartig und somit nicht direkt reproduzierbar. Stattdessen könnten Forschende die Fehleranfälligkeit reduzieren indem sie mit einer guten Methodenbeschreibung die Nachvollziehbarkeit des Vorgehens erhöhen und die Ergebnisse durch die Messung der Interraterübereinstimmung beider Forscher beim Kodieren vergleichen (Hussy et al. 2013a, S. 278). Nachdem beide Forscher unabhängig voneinander kodiert haben, wird die prozentuale Übereinstimmung angegeben, um die Verlässlichkeit auszudrücken.

Doch auch in der qualitativen Forschung ist Verlässlichkeit ein wesentliches Gütekriterium. Voraussetzung für Reliabilität ist Objektivität. Eine Untersuchung, die nicht objektiv ist, kann auch nicht reliabel (zuverlässig) sein (Hussy et al. 2013a, S. 24). Speziell in der qualitativen Marktforschung erzielt der Forschende Reliabilität

1. durch Regelgeleitetheit, also dass das Vorgehen in einer Untersuchung zuvor festgelegten Regeln folgt. Trotz der Offenheit qualitativer Forschung, ggf. Analyseschritte zu modifizieren, darf nicht völlig unsystematisch vorgegangen werden.
2. durch erzeugte Nähe zum Gegenstand. Diese wird vor allem dadurch erreicht, dass man möglichst an die Alltagswelt der beforschten Subjekte anknüpft. Personen sollten in ihrem natürlichen Umfeld beforscht werden (Hussy et al. 2013a, S. 24).

4.1.3 Validität (Gültigkeit)

Bei der Erstellung der Erhebungsinstrumente sollte die **Gültigkeit** betrachtet werden. Wenn die Instrumente die Sachverhalte messen, die gemessen werden sollen, werden diese als valide oder gültig angesehen (Kuß et al. 2018a, S. 23 f.). In der qualitativen Forschung wird der Begriff der Validität jedoch weiter gefasst als in der quantitativen Forschung. Die **interne Validität,** die den Einfluss von externen Störvariablen misst, findet in der qualitativen Forschung bei explanativen Studien kaum Beachtung, da diese erklärend oder beschreibend angelegt sind (siehe weitere Diskussion und Literaturhinweise in Hussy et al. 2013a, S. 278).

Auch die **externe Validität** im Sinne der Verallgemeinerbarkeit auf die Grundgesamtheit ist meist nicht Ziel einer qualitativen Studie. Bei einer kleinen qualitativen Stichprobe können die Ergebnisse prinzipiell nicht auf die dahinterstehende Grundgesamtheit verallgemeinert werden. Externe Validität im Sinne der Verallgemeinerbarkeit der Ergebnisse auf andere Situationen kann bei qualitativen Studien jedoch gewährleistet werden, da die Untersuchung im natürlichen Umfeld der zu studierenden Person durchgeführt wird und sich das Umfeld nicht anpasst (Hussy et al. 2013a, S. 278 f.).

Die **Validität der Datenerhebung** zielt darauf ab, die „Beeinträchtigungen in der Erhebungssituation möglichst gering zu halten" (Hussy et al. 2013a, S. 279). Die Validität der Datenerhebung wird bei qualitativen Studien meist als gegeben gesehen, da die Erhebungsinstrumente nicht standardisiert sind, wie z. B. bei einem quantitativen Fragebogen, sondern speziell für die qualitative Studie entwickelt wurde, bei der sie sich frei äußern können. Somit haben die Interviewten meist Probleme ihre Antworten in standardisierte Antwortvorgaben zu kategorisieren. Sollten sich die Probanden häufig zögerlich äußern oder wiederholt den Sinn der Frage rückbestätigen lassen, sollten diese Vorkommnisse im Protokoll vermerkt werden und die Validität der Messinstrumente der Datenerhebung kritisch bewertet werden (Hussy et al. 2013a, S. 279).

Voraussetzung für Validität sind Objektivität und Reliabilität. Eine Untersuchung, die nicht objektiv und reliabel ist, kann auch nicht valide (gültig) sein (Hussy et al. 2013a, S. 25).

Speziell in der qualitativen Marktforschung erzielt der Forschende Validität

1. durch kommunikative Validierung. Die Gültigkeit einer Untersuchung kann man auch dadurch überprüfen, indem man die Ergebnisse den beforschten Personen nochmals vorlegt und mit ihnen diskutiert. Stimmen sie mit den Befunden überein, so kann das ein Argument zur Absicherung der Ergebnisse sein (Hussy et al. 2013a, S. 24–25).
2. durch Triangulation wird die Fragestellung mit unterschiedlichen Methoden untersucht und die Ergebnisse werden miteinander verglichen (Hussy et al. 2013a, S. 25–26).

Im Qualitativen Forschungsprozess kommt der Validität die größte Bedeutung zu. Im Quantitativen Forschungsprozess sind alle drei Gütekriterien (Objektivität, Reliability und Validität) gleichermaßen von Bedeutung (Hussy et al. 2013a, S. 193).

In den folgenden Abschnitten werden persönliche Interviews und Gruppendiskussionen, Online Interviews, sowie weitere qualitativen Methoden wie qualitative Fragebögen, Beobachtungen und die qualitative Inhaltsanalyse erläutert. Eine Komplettübersicht aller Methoden ist in diesem Buch nicht möglich. Zur weiteren Vertiefung des Inhalts gibt es in jedem Abschnitt entsprechende Literaturhinweise.

4.2   Persönliche Interviews und Gruppendiskussion

Interviews gehören zu dem am meisten genutzten Verfahren in der qualitativen Sozialforschung (Döring und Bortz 2016a, S. 361) und sind auch in der Marktforschung höchst relevant (Mey und Mruck 2011, S. 259).

Es gibt verschiedene Arten von qualitativen Interviews, die unterschiedlich charakterisiert werden können. Eine Möglichkeit ist beispielsweise die **Interviewersteuerung,** die durch den **Grad der Strukturierung** und der **Standardisierung** definiert wird (Mey und Mruck 2011, S. 259). Stark strukturierte Interviews werden primär durch den Interviewer gelenkt. Auch bei halb-strukturierten Interviews wird ein Erhebungsinstrument, wie z. B. ein Interviewleitfaden, für die Durchführung verwendet. Bei einem unstrukturierten Interview oder auch nicht strukturiertem Interview wird kein standardisiertes Instrument verwendet. Bei weniger strukturierten Interviews, wird der Teilnehmer zum Erzählen und Darstellen ohne viel Interviewer-Involvement aufgefordert (Mey und Mruck 2011, S. 259).

Der Grad der Standardisierung gibt Hinweis auf die Art der Frageformulierung. Offene (eher breit angelegte) Fragen sind ein Indikator für wenig Standardisierung. Eine Vorformulierung mit konkreten Antwortmöglichkeiten wie z. B. vordefinierte Skalen weisen auf einen hohen Standardisierungsgrad hin (Mey und Mruck 2011, S. 259).

Interviews in der qualitativen Marktforschung werden meist entweder in Form von Einzelinterviews oder alternativ als Gruppeninterviews durchgeführt (Döring und Bortz 2016a, S. 361).

Bei der Planung eines persönlichen Interviews sind bei der inhaltlichen und organisatorischen Vorbereitung einige wichtige Prozessschritte zu beachten:

1. Erstellung eines Interviewleitfadens
2. Erstellung einer Einverständniserklärung
3. Durchführung eines Pre-Tests
4. Erstellen eines Sampling Plans (siehe Abschn. 3.2.5)
5. Ergebnissicherung

▶   Geheimhaltung und Datenschutz sind die Grundlage jedes Projekts. In der Einverständniserklärung muss die Verwendung der Daten geklärt werden. Dem Teilnehmer sollte versichert werden, dass die Daten anonym und vertraulich, nur im Kontext der Studie verwendet und nicht an Dritte weitergegeben werden. Achtung! Sofern keine Einverständniserklärung vorliegt, dürfen die Interviewinhalte nicht ausgewertet werden (siehe Abschn. 4.7).

Sowohl für Einzelinterviews als auch für Gruppeninterviews sollte vorab bei einem halbstrukturierten oder vollstrukturierten Ansatz ein **Interviewleitfaden** erstellt werden, der die inhaltliche Vergleichbarkeit der Ergebnisse sicherstellt. Auch wenn das qualitative Interview für den Probanden wie eine „Plauderstunde" wirken mag, ist eine inhaltliche Vorbereitung bei der Erstellung des Leitfadens von großer Bedeutung. Bei wissenschaftlichen Fragestellungen müssen die gestellten Fragen Bezug zu den vorher identifizierten Theorien aus der Literaturrecherche (siehe Kap. 6) haben. Wenn z. B. vier Treiber von Kundenerlebnissen in der Literatur genannt werden, sollten diese vier auch gezielt im Interviewleitfaden thematisiert werden.

Qualitative Interviews arbeiten mit offenen Fragen, so dass die Befragten sich mündlich in eigenen Worten äußern können. Der Gesprächsverlauf wird sehr stark vom Interviewten gestaltet, der Interviewer gibt mit seinem Fragenkatalog lediglich eine Vorstrukturierung, er kann aber auf einzelne Punkte im Gespräch vertiefend eingehen. Auf diese Weise sollen die individuellen Sichtweisen der Befragten nicht nur oberflächlich, sondern detailliert und vertieft erschlossen werden (Döring und Bortz 2016a, S. 365). Ein Interviewleitfaden umfasst meist drei bis vier Hauptfragen, die mit weiteren fünf bis zwölf Differenzierungsfragen spezifiziert werden (Döring und Bortz 2016a, S. 372). In der qualitativen Marktforschungspraxis wird bei unterschiedlichen Interviewern aber auch ein ausführlicher Leitfaden mit mehreren Seiten verwendet. Die Hauptfragen können auch themenweise in Blöcken abgefragt werden und durch Differenzierungsfragen ergänzt werden.

Das Beispiel in Abb. 4.1 zeigt, dass die Fragen nicht unbedingt komplett ausformuliert werden, damit der Interviewer sie nicht direkt vorlesen kann. Somit entsteht ein natürlicheres Gespräch.

Bevor der Leitfaden zum Einsatz kommt, sollte eine **Einverständniserklärung** vorbereitet werden. An Hochschulen kann man sich bei der Erstellung der Einverständniserklärung an die jeweiligen Regularien halten. Es ist für die Nutzung der Aussagen jedoch zwingend notwendig, eine schriftliche Einwilligung des Probanden zu bekommen. In dieser Einverständniserklärung sollte die Studie kurz beschrieben werden, die Anonymität zugesichert werden und über die Nutzung

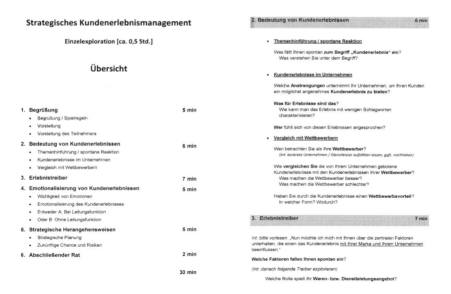

Abb. 4.1 Auszug aus dem Interviewleitfaden zum Thema Strategisches Kundenerlebnismanagement. (Steffen 2014)

der Daten, z. B. für wissenschaftliche Zwecke oder für kommerzielle Zwecke, aufgeklärt werden. Ein Ansprechpartner zum Widerruf der Erklärung sollte auch benannt werden.

Im nächsten Schritt, sollte ein **Pre-Test** durchgeführt werden. Der Interviewleitfaden kann anhand einer kleinen Stichprobe getestet werden. Hierbei steht weniger das Üben des Interviews im Vordergrund, sondern eine inhaltliche Überprüfung z. B. wurden die Fragen verständlich formuliert? Sind Begriffe missverständlich? Sollten die Formulierungen noch angepasst werden? Ist die angegebene Interviewlänge realistisch? Erscheint die Fragenreihenfolge sinnvoll?

Nachdem der Pre-Test erfolgreich durchgeführt wurde und alle notwendigen Anpassungen vorgenommen wurden, kann die **Teilnehmerrekrutierung nach Stichprobenplan** starten (siehe Abschn. 3.2.5). Bei schwierigen Zielgruppen kann man die Hilfe von Felddienstleistern oder Teststudios in Anspruch nehmen, die eigene Teilnehmerdatenbanken pflegen.

Die **Ergebnissicherung** erfolgt zumeist mit einer Ton- oder Videoaufnahme. In Einzelfällen oder bei Telefoninterviews schreibt der Interviewer das Protokoll auch gleich mit. Das gleichzeitige Anfertigen eines Protokolls erfordert sehr viel Übung und Konzentration, damit man nicht den Faden verliert. Des Weiteren fühlt sich der Teilnehmer hierbei vielleicht unwohl, weil ihm direkt bewusst wird, dass jedes Wort mitgeschrieben wird. Eine zusätzliche Tonaufnahme ist fast immer sinnvoll, weil der Interviewer nicht immer alles Wort-für-Wort mitschreiben kann. Teilweise werden Interviews auch nach der Durchführung kurz zusammengefasst (Zusammenfassung). Sollte dies die einzige Form der Ergebnissicherung sein, gehen hierbei wertvolle Informationen verloren.

4.2.1   Persönliche Interviews

Im Allgemeinen ist es das Ziel eines Interviews „Wissen der Befragten zu erheben" (Bogner et al. 2014, S. 17). Häufig werden bei persönlichen Interviews Experten befragt, die für die Fragestellung von Interesse sind und über Fachwissen verfügen (Bogner et al. 2014, S. 10). Experten im Kontext von Marktforschung sind „Personen […], die sich – ausgehend von einem spezifischen Praxis- oder Erfahrungswissen, das sich auf einen klar begrenzbaren Problemkreis bezieht – die Möglichkeit geschaffen haben, mit ihren Deutungen das konkrete Handlungsfeld sinnhaft und handlungsleitend für Andere zu strukturieren" (Bogner et al. 2014, S. 13).

Auch wenn die Qualität der Daten bei persönlichen Interviews zumeist gut ist und die Repräsentanz keine Probleme bereitet (die ausgewählte Person wird tatsächlich

befragt und kann sich nicht für jemanden ausgeben), besteht die Gefahr des Inter-
viewer-Bias (Verzerrungen, die durch den Einfluss des Interviewers entstehen). Die
Auswertung ist kostenintensiv und der zeitliche Aufwand immens. Durch ein neut-
rales Auftreten und eine intensive Schulung des Interviewers können diese Einflüsse
minimiert werden (Kuß und Eisend 2010, S. 116).

Ein geschulter Interviewer nimmt bei einem persönlichen Interview gleichzeitig zwei Rollen ein. Zum einen stellt er dem Gesprächspartner dabei Fragen
und zum anderen muss er sich als Unwissender aber interessierter Gesprächspartner geben, dem das Thema ausführlich erklärt werden muss.

> Für Marktforschungsstudien im eigenen Unternehmen oder für
> unerfahrene Forscher, die beispielsweise an der Bachelorarbeit
> arbeiten, können unstrukturierte Interviews aufgrund des geringen
> Standardisierungsgrades und der daraus hergehenden Komplexität
> problematisch bei der Auswertung werden. Sofern die Ergebnisse der
> Studie systematisch ausgewertet werden sollen, empfiehlt sich ein
> leitfadenbasiertes halbstrukturiertes oder vollstrukturiertes Interview.

4.2.1.1 Ablauf eines geplanten halbstrukturierten persönlichen Interviews (z. B. im Teststudio)

Bei einem vorab geplanten Interview erfolgt zuerst die Kontaktaufnahme und
Rekrutierung des Teilnehmers nach Sampling Plan (Abschn. 3.2.5). Soll eine
ganz spezielle Zielgruppe erreicht werden, zu der man keinen Zugang hat,
können Felddienstleister bei der Rekrutierung helfen.

Für die Durchführung des Interviews sollte genug Zeit und ein ruhiger Ort
(z. B. Besprechungsraum im Unternehmen, Gruppenarbeitsraum in der Bibliothek,
der Hochschule oder sofern notwendig ein Interviewraum in einem angemieteten
Teststudio) eingeplant werden. Der Teilnehmer wird zu einem für ihn passenden
Termin eingeladen oder telefonisch kontaktiert, liest das Informationsblatt und
unterschreibt die Einverständniserklärung. Nicht vergessen! Als Interviewer ist
man Botschafter des Unternehmens, für das die Studie durchgeführt wird. Man
sollte sich entsprechend verhalten und kleiden, ohne verkleidet zu wirken. Eine
gute Interviewvorbereitung ist unabdingbar. Wenn der Interviewer nicht mit den
Themengebieten und der Fragestellung vertraut ist, wird es schwierig sein, das
Gespräch natürlich zu führen. Wenn unterschiedliche Interviewer die Interviews
durchführen, ist ein Briefing notwendig, bei dem über die Hintergründe der Fragen
aufgeklärt wird.

Das Interview startet typischerweise zunächst mit etwas Small Talk bevor es
zur Themenhinführung kommt. Am Anfang eines jeden Themenkomplexes sollte

der Gesprächspartner zunächst die Möglichkeit haben sich spontan zu einem
Thema zu äußern. Hierfür sollten offene, allgemeine Fragen gestellt werden
wie z. B. „Was fällt Ihnen spontan zu dem Begriff ‚Kundenerlebnismanagement
ein‘"? Danach könnten weitere untergeordnete Themenschwerpunkte entlang des
Themenkatalogs vertieft werden (z. B. Treiber oder Maßnahmen von Kundenerlebnissen). Ziel des Interviews ist es alle Themen des Leitfadens in einem
natürlich anmutenden Gespräch abzuarbeiten und damit die Argumentation des
Gesprächspartners nachvollziehen zu können (in Anlehnung an Mey und Mruck
2011, S. 268).

Die Stichprobengröße bei qualitativen Studien beträgt zwischen 10 und 100
Fällen (Magerhans 2016, S. 167). In der Marktforschungspraxis oder für kleinere
Forschungsprojekte im Rahmen einer Bachelorarbeit werden in Absprache mit
dem Auftraggeber bzw. dem Betreuer auch kleinere Stichproben akzeptiert.

4.2.1.2 Tipps zum Umgang mit Gesprächspartnern
Um Vertrauen und Atmosphäre zu schaffen, gibt es einige Hilfsmittel. Der Interviewer sollte sich authentisch und neutral verhalten. Ein Interview ist keine
Prüfung und soll auch dem Teilnehmer Spaß machen. Man sollte den Sprachstil
des Gegenübers annehmen (z. B. die Verwendung genannter Fachbegriffe über-
nehmen usw.). Blickkontakt und Entspanntheit schaffen Vertrauen. Eine offene
Sitzposition über Eck wird meist als angenehmer empfunden als ein Gegenüber,
bei der der Tisch als natürliche Barriere wirkt. Auch Wertungen der genannten
Inhalte sollte man vermeiden, um das geschaffene Vertrauen nicht zu gefährden.
Als Interviewer sollte man sich nicht auf Gegenfragen wie z. B. „Was halten
Sie denn davon?" einlassen, sondern souverän kontern, dass die Meinung des
Gesprächspartners bei diesem Interview von zentraler Bedeutung ist. Bei wieder-
holtem Nachfragen kann man auf die Beantwortung und Diskussion der Frage
nach Beendigung des Gesprächs verweisen.

Der Zeitplan im Interviewleitfaden sollte eingehalten werden. Wenn die ein-
geplante Zeit abgelaufen ist, wird der Gesprächspartner meist ungeduldig und weitere Interviewtermine verzögern sich dadurch. Bei sehr redseligen Gesprächspartnern
ist es durchaus üblich und angebracht auf die zentrale Fragestellung zurückzu-
kommen und den Gesprächspartner höflich darauf hinzuweisen, dass die von ihm
genannten Punkte alle interessant sind, aber dass auch noch weitere Aspekte auf der
Agenda stehen. Sehr schüchterne oder wortkarge Gesprächspartner können durchaus interessante Gesprächspartner sein. Hierbei obliegt es dem Interviewer, ihnen mit
geschickten Fragetechniken, Empathie und Geduld die relevanten Informationen zu
entlocken, Es gibt also keine unbrauchbaren Gesprächspartner.

4.2.1.3 Ablauf eines spontanen persönlichen Interviews (Ad-Hoc z. B. in einer Servicesituation)

Spontane, persönliche Befragungen (ad-hoc) z. B. im Supermarkt, Einkaufszentrum oder auf der Straße, werden häufig standardisiert. Diese werden meistens mit Hilfe eines schriftlichen, vollstrukturierten Fragebogens geführt. Diese Interviewform zählt somit typischerweise nicht zu den qualitativen, sondern zu den quantitativen Methoden. Hierbei werden Stichproben von ca. 200–2000 Fälle befragt (Koch et al. 2016, S. 51). In Einzelfällen können diese aber auch qualitativer Natur sein und überwiegend offene Fragen beinhalten. Dann sind kleine Fallzahlen ausreichend, da sonst die Auswertung zu komplex und kostenintensiv wird.

4.2.2 Gruppendiskussion

Nach Magerhans (2016, S. 175) ist die **Gruppendiskussion** „die bedeutsamste Form der Gruppenbefragung", bei der 6–10 Teilnehmer frei interagieren. Die Gruppendiskussion wird von einem Moderator geleitet, der die Diskussion führt. Während dieser Interaktion werden die Teilnehmer beobachtet. Das Ergebnis wird protokolliert und meistens auch gefilmt (Magerhans 2016) S. 176).

Gruppendiskussion können vielfältig eingesetzt werden. Sie finden Anwendung sowohl in der Sozialforschung, in der Markt- und Medienforschung als auch in der Politikforschung (Kühn und Koschel 2018, S. 8–15). Sie eignen sich auch für heikle Themen wie Politik, Drogen, Hygiene, für die Preisfindung, Auswahl von Werbemitteln und Webegestaltung, sowie für Produkt- und Verpackungsbewertungen (Koch et al. 2016, S. 50). Gruppendiskussionen sind insbesondere in der Marktforschung beliebt, weil eine Problemstellung einfach, schnell und kostengünstig gelöst werden kann. In der akademischen Forschung hingegen wird die Methode nicht sehr häufig genutzt, obwohl diese gerade für Grundlagenforschung sehr interessant sein könnte (Kühn und Koschel 2018, S. 17). Gruppendiskussionen ermöglichen eine flexible Gesprächsführung und die Erörterung vieler Aspekte. Aufgrund von Meinungsführern können aber auch Gruppeneffekte auftreten. Manchmal ist auch die Steuerung des Moderators zu intensiv (Koch et al. 2016, S. 50).

Auch wenn gut durchgeführte Gruppendiskussionen wie eine „nette Plauderrunde" wirken mögen, reicht es nicht aus, Teilnehmer zu rekrutieren, die sich einfach nur unterhalten. Die Gruppendiskussionsmethode hat eine Zielsetzung und ein durchdachtes Setting (z. B. der zeitlich geplante Ablauf, die Fragetechnicken oder die Sitzsituation) (Kühn und Koschel 2018, S. 17).

Ablauf zur Durchführung einer Gruppendiskussion

1. Erstellung eines Interviewleitfadens und einer Einverständniserklärung
2. Durchführung eines Pre-Tests
3. Auswahl und Rekrutierung der Teilnehmer und des Moderators
4. Durchführung der Gruppendiskussion
5. Ergebnissicherung

Zunächst muss das Studiendesign festgelegt und die Aufgaben verteilt werden (Kühn und Koschel 2018, S. 65) (siehe Kap. 2). In Absprache mit dem Auftraggeber wird ein **Interviewleitfaden erstellt.** Diese Vorgehensweise unterscheidet sich nicht von der Erstellung eines Leitfadens für eine Einzelinterview (Abschn. 4.2). Inhaltlich kommen hier aber durchaus auch Gruppenaufgaben und projektive Verfahren zum Einsatz (siehe Abschn. 4.3.1). Häufig übernimmt der Projektleiter aus dem Marktforschungsinstitut die Planung und **Moderation** der Gruppen. Teilweise werden auch qualifizierte freie Mitarbeiter eingesetzt, die vorab von einem Projektmitarbeiter aus dem Marktforschungsinstitut gebrieft werden. Kühn und Koschel (2018, S. 66) betonen, dass der Moderator zum Thema passen sollte, um in der Lage zu sein eine vertrauensvolle Atmosphäre durchzuführen. Eine junge Moderatorin, Mitte 20, könnte bei der Moderation von Vorstandsmitgliedern eines Dax-Unternehmens zum Thema „Absicherung und Altersvorsorge für den Ruhestand" genauso wenig Gesprächsbarrieren abbauen und Akzeptanz erfahren und wie ein junger Mann, Mitte 20, der Rentnerinnen zum Thema „Inkontinenz" befragt.

Bei der Teilnehmerzusammensetzung von Gruppendiskussionen wird meist zwischen **Realgruppen** (natürlichen Gruppen, die außerhalb der Diskussion eine feste Einheit bilden z. B. ein Projektteam eines Unternehmens) und **Ad-Hoc Gruppen** (für die Diskussion nach Kriterien rekrutierte Gruppen) unterschieden (Kühn und Koschel 2018, S. 67). Teilweise werden Ad-Hoc Gruppen auch als Gruppen definiert, die zufällig und willkürlich ausgewählt wurden, weil sich dem Forscher eine günstige Gelegenheit der Ansprache geboten hat (Hussy et al. 2013a, S. 195–198). Beim **Rekrutieren der Teilnehmer** können ggf. Felddienstleister helfen. Viele Teststudios verfügen auch über eigene Teilnehmerdatenbanken. Bei natürlichen Gruppen in der betrieblichen Marktforschung z. B. Kunden oder Mitarbeiter, können dieses relativ einfach aus der eigenen Datenbank gefiltert werden.

Bei der **Durchführung der Gruppendiskussion** sollten sich die Teilnehmer wohlfühlen und mit Getränken und kleinen Snacks versorgt werden. Das Setting

ist zumeist ein angemieteter Gruppenraum in einem Teststudio mit einer Spiegel-
scheibe, hinter der zumeist Vertreter des Auftraggebers sitzen, die bei Bedarf in
die Diskussion eingreifen können (z. B. um bei Rückfragen zu klären) (Kühn und
Koschel 2018, S. 65). Die **Ergebnissicherung** erfolgt zumeist durch eine Videoaufnahme. Ist eine solche Beobachtung des Auftraggebers bei einem betrieblichen
Marktforschungsprojekt oder einer Bachelorarbeit nicht erforderlich, können
Gruppendiskussionen auch in normalen Besprechungsräumen durchgeführt werden. Sofern dann keine Videoaufzeichnung erfolgt, kann ein Protokollant mit im
Raum sitzen, der am Laptop direkt mitschreibt. Außerdem sollte eine Tonauf-
zeichnung erfolgen. Ohne Videoaufnahme ist es zwingend notwendig, dass der
Moderator die Teilnehmer mit ihren Namen anspricht oder wichtige Statements
mit Teilnehmernamen zusammenfasst, damit eine Zuordnung der Statements am
Ende der Aufnahme möglich ist (z. B. „Thomas, für Sie ist also die Emotionali-
tät des Kundenerlebnisses besonders wichtig ist und für Lisa, die Servicequalität.
Habe ich das richtig zusammengefasst?").

Gruppendiskussionen sollten nicht mit **Gruppenbefragungen** oder **Gruppeninterviews** verwechselt werden. Bei einer Gruppenbefragung füllen mehrere
Teilnehmer gleichzeitig unter Beaufsichtigung eines Marktforschers Fragebögen
aus (Magerhans 2016, S. 175). Diese Methode kann z. B. an einem Messestand
verwendet werden, wenn die Standgestaltung bewertet werden soll. Bei einem
Gruppeninterview handelt es sich hingegen um eine mündliche Befragung „bei
der gleichzeitig mehrere Personen von einem Interviewer unter Verwendung eines
Interviewleitfadens befragt werden. Die Beantwortung der Fragen erfolgt dabei in
der Gruppensituation" (Magerhans 2016, S. 175).

Weitere Informationen zur Durchführung von Gruppendiskussion können in
dem Buch von Kühn und Koschel (2018) gefunden werden.

4.3 Qualitativer Fragebogen

Qualitative Fragebögen in Form von schriftlichen Fragebögen werden in der Forschung eher selten eingesetzt. Die qualitative Fragebogenmethode „beinhaltet
unstrukturierte und halbstrukturierte schriftliche Befragungen. Dabei kommen
als Erhebungsinstrumente qualitative Fragebögen zum Einsatz, die offene Fragen
beinhalten, so dass sich die Befragten schriftlich in eigenen Worten äußern. Man
unterschiedet nicht-standardisierte und teilstandardisierte qualitative Fragebögen"
(Döring und Bortz 2016, S. 401).

4.3.1   Unstrukturierte qualitative Befragung

In **unstrukturierter bzw. nicht standardisierter Form** könnten Teilnehmer z. B. einen Aufsatz schreiben, um sich zu einem bestimmten Thema zu äußern oder eine Aufgabe erhalten. Diese Methode findet bei Teilnehmergruppen mit höherem Bildungsgrad mehr Akzeptanz (Döring und Bortz 2016, S. 401), da sie sich besser ausdrücken können. Es könnte z. B. ein Aufsatz über die Vorgehensweise beim Online-Shoppen oder die Risiken des Online-Shoppings verfasst werden.

Bei qualitativen Fragebögen können auch projektive Methoden zum Einsatz kommen. Darunter fallen Satzergänzungsaufgaben, Sprechblasentexte oder Personifizierungen. Bei Sprechblasentexten werden comicartige Zeichnungen bereitgestellt, in denen die Teilnehmer Sprechblasen mit Text füllen, in denen sich die Comicakteure über eine Marke oder ein Produkt unterhalten. Bei Personifizierungen werden beispielsweise bei Imagestudien Marken als Personen dargestellt (Döring und Bortz 2016, S. 402). Teilnehmer müssen sich in die Situation hineinversetzen, dass die Marke XY Geburtstag hat und Fragen zur Feier beantworten z. B. Wen würde sie einladen? Wo würde sie feiern? Was gibt es zu essen?

Die Auswertung dieser Aufsätze und Texte ähnelt die einer qualitativen Daten- und Dokumentenanalyse (Döring und Bortz 2016, S. 402) (siehe Kap. 5).

4.3.2   Teilstrukturierte qualitative Befragung

Eine **halbstrukturierte oder auch teilstrukturierte qualitative Befragung** ist leitfadenbasiert und kann z. B. zur Befragung von Experten oder Betroffenen eingesetzt werden. Bei dieser Methode wird ein Interviewleitfaden mit offenen Fragen erstellt, der dem Teilnehmer entweder elektronisch oder in Papierform zur Verfügung gestellt wird. Daraufhin verfasst der Teilnehmer die Antwort in seinen oder ihren eigenen Worten. Die Verfahrensweise ähnelt einem halbstrukturierten mündlichen Interview, nur dass die Antworten der Teilnehmer verschriftlicht werden. Gerade bei schriftlichen Befragungen ist ein Pre-Test unumgänglich, da es bei Verständnisfragen keinen direkten Ansprechpartner gibt. Die Fragen sollten daher einfach sein, offen formuliert werden und zum Beschreiben oder Erzählen auffordern. Es sollte ausreichend Platz zum Antworten zur Verfügung stehen, damit die Teilnehmer in ihrer Antwort nicht eingeschränkt werden (Döring und Bortz 2016, S. 403).

4.3.3 Tagebuchmethode

Eine weitere Form der halbstrukturierten Befragung ist die **halbstrukturierte Tagebuchmethode,** bei der Studienteilnehmer in ein vom Auftraggeber oder dem Marktforschungsinstitut vorgegebenes Schreibheft in Papierform (das „Tagebuch") Freitext-Eintragungen vornehmen. Diese Methode kommt jedoch weniger häufig zum Einsatz als die vollstrukturierte Tagebuchmethode. (Döring und Bortz 2016, S. 405). Bei der **vollstrukturierten Tagebuchmethode** ist das Antwortformat noch strikter vorgegeben. Teilnehmer erhalten ein Aufgabenheft mit diversen kleineren Aufgaben. Man kann Studienteilnehmer darin bitten Kollagen zu erstellen, Bilder zu malen oder ihre Einstellung, ihre Reaktion oder ihr Verhalten zu dokumentieren. Je nach Aufgabe können die Einträge auch mediengestützt z. B. in einem passwortgesicherten Bereich im Internet vorgenommen werden. Es können beispielsweise Selfies von Teilnehmern, die während eines Produkttests zu Hause entstanden, hochgeladen und von den Teilnehmern kommentiert werden.

4.4 Beobachtung

Die Beobachtung kann nur für sehr spezielle Zwecke in der Marktforschung eingesetzt werden und wird daher im Gegensatz zu einer Befragung nicht so häufig eingesetzt (Magerhans 2016, S. 122). Die qualitative Beobachtung kann definiert werden als Methode in der „verbale, visuelle bzw. audiovisuelle Daten erhoben [werden], die den jeweiligen Gegenstand der Beobachtung sehr detailreich repräsentieren" (Döring und Bortz 2016, S. 333). Werden fremde Menschen durch einen Beobachter beobachtet, spricht man von einer **Fremdbeobachtung.** Es gibt jedoch auch Studien, in denen der Forscher sein Verhalten selbst beobachtet. Dann handelt es sich um **Selbstbeobachtung** (Magerhans 2016, S. 123).

Beobachtung kann in der Marktforschung angewandt werden, um das Informationsverhalten (z. B. die Internet-Nutzung auf bestimmten Webseiten), physische Bewegungen von Kunden, verbale Äußerungen, non-verbale Ausdrucksformen (wie z. B. der Gesichtsausdruck), räumliche Beziehungen, Abläufe, physische Objekte (wie z. B. das Vorhandensein von Markenartikeln im Haushalt), verbale und bildliche Inhalte (z. B. Protokolle von Verkaufsgesprächen,) und tatsächliche Einkäufe zu beobachten (Kuß et al. 2018a, S. 139).

Welche Rolle der Beobachter einnimmt, hängt vom **Partizipationsgrad des Beobachters** ab. Wenn der Beobachter ins Geschehen eingreift und eine aktive Rolle einnimmt, spricht man von einer **teilnehmenden Beobachtung.** Wenn der

Beobachter eine passive Rolle einnimmt und im Hintergrund bleibt, spricht man von **nicht-teilnehmender Beobachtung** (Magerhans 2016, S. 124).

Man unterscheidet – wie bei Interviews auch – bei Beobachtungen nach dem Grad der Strukturierung. Bei der naiven oder **unstrukturierten Beobachtung** ist die Erhebung nicht zielgerichtet und erfolgt ohne vorher definiertes Erkenntnisziel (Magerhans 2016, S. 123). Auch wenn eine Beobachtung sowohl unstrukturiert als auch strukturiert erfolgen kann, ist in jedem Fall eine systematische Vorabplanung der Abläufe notwendig (Kuß et al. 2018a, S. 138).

Steffen (2012) führt beispielsweise eine Studie durch, in der die Forscherin Studienteilnehmer beim Shoppen begleitet hat (auch genannt: Accompanied Shopping bzw. begleitendes Shopping). Die Studienteilnehmer wurden rekrutiert und vom Startpunkt bis zum Endpunkt des Shoppingtrips begleitet. Es handelte sich hierbei um eine nicht-teilnehmende, unstrukturierte Beobachtung. Es wurden die Verkehrsmittel verwendet, die der Studienteilnehmer normalerweise verwendet und der Einkaufsablauf wurde vom Teilnehmer bestimmt. Die Forscherin nahm nur eine passive Rolle ein. Die Vorabplanung umfasste zunächst die Entwicklung eines Kurzfragebogens zur Erfassung der Shoppingmotivation und der Stimmung vor dem Einkauf und ein Kurzfragebogen zum Erfassen aller für den Shopper relevanten Einkaufserlebnisse während des Einkaufs und der Stimmung nach dem Einkauf. Die Forscherin hat bei der Auswertung die vom Teilnehmer benannten Erlebnisse mit ihren eigenen Beobachtungen, die sie in Form von Sprachnotizen während des Shoppens aufzeichnete, abgeglichen.

Die Beobachtung wird häufig verbal in Form von Beobachtungsprotokollen dokumentiert. Auch Sprachnotizen auf dem Handy oder Diktiergerät können für die Dokumentation der Situation hilfreich sein. Bei einer **strukturierten Beobachtung** können Beobachtungsbögen in Form von Strichlisten zum Einsatz kommen. Ein Beobachter könnte beispielsweise am Regal im Supermarkt stehen und auf dem Tablett Strichlisten darüber anfertigen, wie viele Kunden vorbeigegangen sind, wie viele ein bestimmtes Produkt angefasst haben, den Verpackungstext gelesen haben usw. und das Geschlecht sowie das ungefähre Alter des Kunden schätzen. Diese Form der Beobachtung ist voll strukturiert und wird quantitativ ausgewertet. Solch ein hoher Strukturierungsgrad ist bei qualitativen Beobachtungen eher unüblich.

Es wird außerdem zwischen **Feldbeobachtung** und einer **Laborbeobachtung** unterschieden (Magerhans 2016, S. 122). Eine Feldbeobachtung würde je nach Fragestellung im natürlichen Umfeld erfolgen, also beispielsweise in einem Hotel oder in einem Supermarkt, wohingegen eine Laborbeobachtung im Teststudio unter nicht natürlichen, dafür gut kontrollierbaren Bedingungen stattfinden würde.

Eine offene Beobachtung ist für die zu beobachteten Personen erkennbar, wohingegen die getarnte Beobachtung verdeckt, also für die Person unwissend stattfindet (Kuß et al. 2018a, S. 143).

Beobachtungen sind vorteilhaft, weil die typische Verhaltensweise der zu beobachtenden Person aufgenommen werden kann, ohne dass Beobachtungseffekte eintreten. Des Weiteren kann der unwissend beobachtete Teilnehmer nicht vom Interviewer beeinflusst werden, so dass keine Interviewereffekte auftreten. Da der Teilnehmer bei einer getarnten Feldbeobachtung meistens nicht vergütet wird, ist die Datenerhebung vergleichsweise günstig (Magerhans 2016, S. 124).

Leider ist die Beobachtungssituation, sofern sie nicht aufgezeichnet wurde, einmalig und kann nicht wiederholt werden. Da ein Beobachter bei viel Andrang selektiert, welche Person Betrachtungsgegenstand (Selektionsproblem) ist, tritt eine Ergebnisverzerrung auf. Nachteilig ist außerdem, dass nur beobachtbare Vorgänge interpretiert werden können. Seelische und geistige können nicht betrachtet werden. Zudem können ethische Bedenken und rechtliche Probleme aufkommen, wenn der beobachtende Teilnehmer keine Kenntnisse über die Beobachtung hat (Magerhans 2016, S. 124).

Besonders interessant sind Beobachtungen dann, wenn die soziale Interaktion zwischen Menschen interpretiert werden soll (Döring und Bortz 2016, S. 333), z. B. eine Beobachtung der Kunden-Mitarbeiter Beratungsinteraktion in einem Küchenstudio, beispielsweise um die Mitarbeiter gezielter schulen zu können.

Die Beobachtungssituation sollte für die Testperson transparent sein. Wenn eine Einzelperson beobachtet wird, ist auch hier eine Einwilligung notwendig. Bei anderen Arten von Beobachtungen wie Verkehrszählungen oder Frequenzanalysen der Laufwege im Supermarkt, in der Einzelpersonen irrelevant sind, ist dies nicht unbedingt notwendig (Theobald 2017, S. 172).

4.5   Qualitative Inhalts-Dokumentenanalyse

Neben den anderen bereits diskutierten Methoden der Datengewinnung können auch vorgefundene bzw. vorhandene Dokumente, die unabhängig vom eignen Forschungsprozess erstellt wurden analysiert werden. Entsprechend dem Forschungsziel können dies Webseiten, amtliche Akten, Jahresberichte, Zeichnungen, Sitzungsprotokolle, Briefe, usw. sein. Da es sich bei den Dokumenten meist um verbales, audiovisuelles oder multimediales Ausgangsmaterial handelt, werden die zu extrahierenden Bedeutungen aus den Dokumenten mit einer **qualitativen Inhaltsanalyse** interpretiert (Döring und Bortz 2016, S. 533) (siehe Kap. 5). Wenn Inhalte aus alten Dokumenten interpretiert werden, bezeichnet man diese Art der Analyse auch **Archivforschung** (Döring und Bortz 2016, S. 533).

Die **Datenerhebung** erfolgt in diesem Fall nicht aktiv für das Forschungsprojekt, sondern nonreaktiv. Nonreaktivität bedeutet in diesem Kontext, dass die vorgefundenen Dokumente nicht durch eine Forschungstätigkeit beeinflusst wurden (Döring und Bortz 2016, S. 533). Die Vorgehensweise zur Dokumentenauswahl befindet sich in Abschn. 3.2.6.

Die extrahierten qualitativen Daten werden mittels einer interpretativen qualitativen Inhaltsanalyse ausgewertet (Abschn. 5.2.1).

Manche Dokumentenanalysen haben auch einen quantitativen Charakter, z. B. wenn Kennzahlen aus Jahresberichten extrahiert werden. Diese **quantitative Inhaltsanalyse** dient zur Quantifizierung qualitativer Dokumente, wobei einzelne formale oder inhaltliche Merkmale im Dokument gemessen werden (z. B. Aktienkurse, Schadstoffausstöße eines Unternehmens). Diese Daten werden dann statistisch weiterverarbeitet, indem Durchschnitte, Unterschiede usw. berechnet werden (Döring und Bortz 2016, S. 534).

4.6   Qualitative Online-Methoden der Datenerhebung

Viele Forschungsmethoden, die offline durchgeführt werden können, lassen sich auch in adaptierter Form online realisieren. Obwohl die Online-Befragung z. B. schneller und kostengünstiger durchgeführt werden kann, unterliegt sie noch immer den methodischen Grundlagen der traditionellen Marktforschung (Theobald 2017, S. 14).

Internetbasierte Kommunikation ist durch seine Multimedialität geprägt, so dass Text, Ton, Symbole, Bilder und Filme miteinander verbunden werden können. Ein weiterer Vorteil internetbasierter Forschung ist, dass diese bereits aufgezeichnet in Text, Ton, Bild oder Film vorliegt (Schirmer et al. 2015, S. 7). Außerdem hat die Qualitative Online-Forschung weitere Vorteile, wie z. B. geringere Kosten, Zeitersparnis, größere Offenheit der Teilnehmer und die Auflösung von Hierarchien. Zudem ermöglicht sie den Zugang zu speziellen Populationen oder Randgruppen, die sonst schlecht zu erreichen sind. Andererseits zeichnet sich die Online-Forschung durch geringere Spontaneität, hohe Antwortlatenzen (große Zeitspanne zwischen Frage und Antwort), fehlende nonverbale Hinweisreize aus und benötigt die entsprechende technische Infrastruktur (Gnambs und Batinic 2011, S. 389).

Es gibt laut Gnambs und Batinic (2011, S. 387) drei gängige Methoden internetbasierter, qualitativer Datenerhebung: die Qualitative Online-Befragung, die Qualitative Beobachtung und die Dokumentenanalyse. Anderer Methoden werden hier aus Platzgründen nicht betrachtet. Weitere Informationen zur Online-Forschung bietet z. B. Theobald (2017) für eine generelle Übersicht.

4.6.1   Qualitative Online-Befragung/Online-Interview/ Online-Gruppendiskussion

Eine Besonderheit der Online-Befragung ist die zeitliche Dimension. Einige Online-Befragungsformen z. B. Online Einzel- und Gruppeninterviews finden **synchron,** d. h. nahezu zeitgleich statt (z. B. Webbasierter Chat, Instant Messenger oder per Videokonferenz). Das hat den Vorteil, dass keine oder kaum Zeitverschiebung zwischen Frage und Antwort stattfindet und die Antworten meist umfangreicher als bei asynchronen, zeitversetzten Befragungen sind (Gnambs und Batinic 2011, S. 387 ff.). Die Vorgehensweise der Datenerhebung bei **Online Einzelinterviews** inkl. der Leitfadenerstellung, Pretest, Rekrutierung, Durchführung, Auswertung und Analyse ähnelt einem qualitativen Interview (Abschn. 4.2.1), mit dem Unterschied, dass das Medium nicht persönlich ist, sondern die Kommunikation über einen Chat oder per Videokonferenz erfolgt.

Viele andere Online-Befragungsformen (z. B. per Email, durch eine Mailingliste, in einem Newsroom, oder einem offenen Web-Survey) finden zeitlich **asynchron,** d. h. zeitversetzt in Frage-Antwort Runden, statt. Der Forscher bittet die Teilnehmer um Beantwortung der Fragen. Hierbei können auch gleich mehrere Fragen in einer E-Mail verteilt werden, um den Antwortprozess zu beschleunigen. Um Ermüdung vorzubeugen oder Teilnehmer nicht abzuschrecken, sollten nur wenige z. B. offene Fragen gestellt werden und die Befragungsabstände ausreichend weit auseinander liegen (Gnambs und Batinic 2011, S. 387 ff.).

Neben der Asynchronität ist die Anonymität ein weiterer Vorteil bei Online-Befragungen und Online-Gruppendiskussionen. Man bekommt als Forscher Zugang zu Personenkreisen, die einem häufig im direkten Kontakt verwehrt bleiben würden, z. B. wenn muslimische Frau aus religiösen Gründen nicht mit männlichen Marktforschern sprechen würden (Gnambs und Batinic 2011, S. 391). Auch wenn **Online-Befragungen** z. B. per Videochat nicht sehr häufig eingesetzt werden, bieten diese durch die Anonymität bei sensiblen Themen durchaus Vorteile gegenüber persönlichen Befragungen. Die Verwendung von qualitativen Online-Befragungen ist technisch nicht anspruchsvoll und wird allgemein akzeptiert. Bei anderen Verfahren sollte man die Zielgruppe beachten. Nicht jede Bevölkerungsgruppe ist entsprechend technisch versiert mit Videochats oder anderen Softwareprogrammen wie Skype, so dass die zu verwendete Methode der Datenerhebung an die Zielgruppe angepasst werden muss (Gnambs und Batinic 2011, S. 391).

Online Gruppendiskussionen setzen sich vermehrt durch auch weil multimediales Testmaterial immer einfacher verbreitet werden kann. Die Gruppendiskussionen können sowohl synchron als auch asynchron stattfinden.

Gruppendiskussionsteilnehmer können sich in Chats oder per Telefonkonferenz live zu bestimmten Themen austauschen. Auch asynchron ist eine Gruppendis-kussion im Chat oder einer programmierten Plattform möglich. Der Moderator muss sehr erfahren sein im Umgang mit der Chatsoftware, da die Fragen von unterschiedlichen Teilnehmern in schneller Abfolge gestellt werden, der Modera-tor Links zu Webseiten als Impuls postet und auch „Nebengespräche" der Teil-nehmer beobachten muss (Gnambs und Batinic 2011, S. 393). Es empfiehlt sich die Verwendung von geschulten Moderatoren, die professionelle, eigens für Online-Gruppendiskussionen programmierte Software verwenden.

Eine weitere asynchrone Art der Online-Befragung sind **Online-Tagebücher,** bei denen Collagen, Tagebücher, Fotos oder Videoclips von den Probanden erstellt wer-den. Bei einer Studie – z. B. zum Puddingkonsum von Single-Männern – könnten diese ein Online Tagebuch führen, eine Collage erstellen, ihr Verhalten tabellarisch dokumentieren und aus der jeweiligen Verwendungssituation ein Selfie hochladen. Abschließend könnten die Teilnehmer in einer moderierten Online-Gruppendis-kussion ihre Erfahrungen diskutieren. Somit bekommt der Auftraggeber solch einer Studie einen umfassenden Eindruck der Verwendungsgewohnheiten.

4.6.2   Qualitative Beobachtung Online und Microjobs

Wenngleich Offline-Beobachtungen aus organisatorischen Gründen aufwändig sind und nicht so häufig in der Marktforschung verwendet werden, erfreut sich die qualitative Online-Beobachtung besonderer Beliebtheit (Gnambs und Batinic 2011, S. 395).

4.6.2.1 Social Media Forschung für die Marktforschung
Social Media Forschung erfreut sich zunehmender Beliebtheit und Anwendung in der Marktforschung, weil es nicht immer einfach ist, alle Zielgruppen mit klas-sischen Befragungen zu erreichen. Durch die Verwendung von Sozialen Medien haben sich neue Forschungsfelder aufgetan und es wurden neue Forschungs-instrumente (z. B. Social Media Monitoring (s. u) entwickelt (Zahn 2017, S. 254).

Social Media kann die Marktforschung auf drei unterschiedliche Arten unter-stützen (in Anlehnung an Zahn 2017, S. 254):

1. die Plattformen können für die **Rekrutierung von Teilnehmern** verwendet werden. Gerade bei schwer zugänglichen Gruppen kann Social Media gezielt verwendet werden, um Teilnehmer anzusprechen.

2. Social Media kann für die **Distribution von Befragungen** z. B. auf Facebook verwendet werden. Dieses Verfahren wird jedoch eher, aber nicht ausschließlich für quantitative Befragungen eingesetzt.
3. die in Sozialen Medien geäußerten **Kommentare** der Stakeholder können **erfasst und weiterverarbeitet werden.**

Auf Social Media Plattformen äußern viele Interessengruppen eines Unternehmens ihre Meinung. Diese wird systematisch für Analysezwecke verwendet. Diese Art der Online-Beobachtung ist das **Social Media Monitoring.** Darunter versteht man die „systematische Beobachtung, Erfassung, Verarbeitung und Analyse von Texten aus dem Social Web "[…] aus Foren, Blogs, Communities, sozialen Netzwerken, Presse oder Media-Sharing-Plattformen" (Zahn 2017, S. 253). Wenn es nur wenige Äußerungen auf den Social Media Plattformen zu einem Produkt oder einer Marke gibt, kann ein Unternehmen auch **proaktiv einen Blog initiieren** und diesen für die Analyse von Kundenmeinungen einsetzen (Lammenett 2017, S. 373).

Generell findet Social Media Monitoring Anwendung für die Untersuchung des eigenen Markenimages oder das des Wettbewerbers, der Analyse von Kundenäußerungen zum Produkt, Identifikation von Meinungsbildnern. In der Unternehmenskommunikation wird das Instrument mittels einer „Sentiment-Analyse" auch zum Aufspüren von Risiken, Stimmungen und negativen Diskussionen verwendet (Zahn 2017, S. 256 f.).

Solch eine Social Media Analyse kann einer quantitativen Befragung vorgeschaltet werden, damit keine aufwendige Vorstudie durchgeführt werden muss. Die gesammelten Daten werden wie andere qualitativen Daten codiert und kategorisiert. Für Hinweise zur Erhebung, Weiterverarbeitung und Analyse dieser unstrukturierten Daten siehe Abschn. 4.6.2 und Abschn. 4.6.3.

Social Media Analytics sollte nicht mit Social Media Monitoring verwechselt werden. Während Social Media Monitoring das Sammeln und Auswerten der Inhalte beinhaltet, versteht man unter Social Media Analytics den Einsatz von spezieller Software (z. B. Facebook Karma), mit der man die Aktivitäten der Teilnehmer in Augenschein nehmen kann (Reichweiten eines Youtube Channels, Fanwachstum einer Facebookseite, usw.). Die Inhalte der Posts sind bei Social Media Analytics eher unbedeutend (Zahn 2017, S. 253).

4.6.2.2 Online Beobachtung durch die Teilnehmer (Annahme von Microjobs)

Des Weiteren hat man durch neuste technische Möglichkeiten weitere Handelsspielräume. Mit von Dienstleistern bereitgestellten Apps können kleinere Marktforschungsprojekte z. B. Mystery Shopping, Store-Tests, Überprüfung von Angeboten,

Regaltests oder Produkttests von registrierten Benutzern durchgeführt werden. Registrierte Benutzer können Kleinaufträge (Microjobs) in der App annehmen und eine Beobachtung der Konkurrenz oder des eignen Unternehmens per Video oder Foto durchführen. Sie können während des Shoppens Bilder in der App hochladen und kommentieren. So werden nicht nur die Teilnehmer beobachtet, sondern sie werden im Auftrag des Marktforschungsunternehmens oder des Unternehmens selbst zu Forschern. Mit einer GPS-Funktion kann die Echtheit des Ergebnisses mit Zustimmung des Auszuführenden überprüft werden (Streetspotr, n. d.).

4.6.3   Online-Dokumentenanalyse

Auch online kann eine traditionelle Dokumentenanalyse durchgeführt werden. Da die Vorgehensweise dieselbe ist wie bei einer Offline-Dokumentenanalyse und nur der Datenzugriff online durchgeführt wird (siehe Abschn. 4.5), wird die traditionelle Online-Dokumentenanalyse hier nicht weiter diskutiert. Weitere Informationen zur Auswertung von Online- und Offline-Dokumenten werden im nächsten Kapitel (Abschn. 5.2) vorgestellt.

Eine Sonderform der Online-Dokumentenanalyse ist die Netnographie. Eine **Netnographie** ist „eine schriftliche Dokumentation von Feldarbeit, deren Daten auf online, computervermittelter oder internetbasierter Kommunikation beruhen" (Beckmann und Langer 2009, S. 220). Das Hauptziel einer Netnographie ist die Erforschung von Cyberkulturen und virtuellen Gemeinschaften, die nur online existieren oder welchen die sowohl online als auch offline agieren. Es kann aber auch zur Erforschung von generellen Themen verwendet werden (Beckmann und Langer 2009, S. 220 f.). Eine Netnographie wird zur Erforschung von Verbraucherverhalten in Konsum(sub)kulturen verwendet (z. B. Marken Communites, die gemeinsame Erlebnisse, Symbole und Rituale verwenden und deren Einstellungen, Meinungen und Gefühle schwer zu erfassen sind)(Beckmann und Langer 2009, S. 220 f.).

Die Daten, die bei einer Netnographie analysiert werden, sind überwiegend textbasiert (z. B. heruntergeladene Dokumente von Newsgruppen, Sitzungen, E-Mails) (Beckmann und Langer 2009, S. 220). Es kann aber durchaus auch **User-Generated Content** (vom Internetnutzer generierter Inhalt) wie z. B. Blogeinträge, Facebook- oder Twitterposts oder Kundenbewertungen analysiert werden. Informationen zur Datenanalyse befinden sich im nächsten Kapitel.

4.7 Forschungsethik und Datenschutz

Sowohl in Deutschland als auch auf europäischer Ebene haben sich mehrere Verbände gebildet, die sich für das Image der Markt- und Sozialforschung, das Erstellen und Einhalten von Qualitätsstandards und Datenschutz, für ethische Grundwerte und gegen unlauteren Wettbewerb in der Forschung einsetzen. Darunter zählen u. a. der ADM e. V., BVM e. V. und ESOMAR.

Der **Arbeitskreis Deutscher Markt- und Sozialforschungsinstitute e. V. (ADM)** ist eine Interessenvertretung privatwirtschaftlicher Markt- und Sozialforschungsinstitute in Deutschland. Der Verband stellt u. a. Berufsgrundsätze, Standesregeln und wissenschaftliche Qualitätsstandards auf, bekämpft den unlauteren Wettbewerb, vertritt die politischen Interessen der Markt- und Sozialforschung und setzt sich für die Selbstregulierung der Branche ein. Laut eigener Darstellung erzielen die Mitgliedsinstitute über 80 % des Branchenumsatzes (ADM n. d.d). Auf der Webseite befinden sich eine Reihe von Richtlinien für Marktforscher, z. B. zur Durchführung von Interviews und Gruppendiskussionen, Mystery Research, telefonische Befragungen, zur Informationssicherheit, IT-Sicherheit und Checklisten für Auftraggeber von Online-Befragungen. (ADM n. d.a).

Auch der **Berufsverband Deutscher Markt- und Sozialforscher e. V. (BVM)** setzt sich als Interessenvertreter für seine ca. 1500 Mitglieder ein. Ziel ist es das Ansehen der Branche in der Öffentlichkeit zu verbessern, indem branchenweite Qualitätsstandards gesichert werden. Hierzu bietet der BVM eine Vielzahl von Weiterbildungsmöglichkeiten an und hat sich für die Umsetzung in Regionalgruppen unterteilt (BVM n. d.).

Auf Europäischer Ebene hat sich der Interessenverband **European Society for Opinion and Market Research (ESOMAR)** gebildet, der die Interessen von Markt- und Sozialforschungsunternehmen und Forschern weltweit vertritt. ESOMAR bietet ein Forschungsnetzwerk und möchte die Branche zu einer globalen Gemeinschaft formen, die gemeinsame Prinzipien und ethischen Praktiken verwendet (ESOMAR n. d.b). 4900 Experten und 500 Unternehmen aus 120 Ländern sind dem Netzwerk bereits beigetreten. ESOMAR gibt zusammen mit der Internationalen Industrie- und Handelskammer den „ICC/ESOMAR internationalen Kodex zur Markt-, Meinungs- und Sozialforschung sowie zur Datenanalytik" heraus, in dem die wichtigsten Richtlinien für Selbstregulierung und ethische Handlungsweisen dargelegt werden (ESOMAR n. d.a). Dieser Kodex ist den meisten Marktforschern weltweit bekannt.

Generell beziehen sich viele der **Richtlinien im Grundsatz auf Artikel 8 der Charta der Grundrechte der Europäischen Union** (siehe European Union Agency for Fundamental Rights (FRA n. d.):

1. „Jede Person hat das Recht auf Schutz der sie betreffenden personen-
   bezogenen Daten."
2. „Diese Daten dürfen nur nach Treu und Glauben für festgelegte Zwecke und
   mit Einwilligung der betroffenen Person oder auf einer sonstigen gesetz-
   lich geregelten legitimen Grundlage verarbeitet werden. Jede Person hat das
   Recht, Auskunft über die sie betreffenden erhobenen Daten zu erhalten und
   die Berichtigung der Daten zu erwirken"
3. „Die Einhaltung dieser Vorschriften wird von einer unabhängigen Stelle über-
   wacht" (European Union Agency for Fundamental Rights (FRA n. d.).

Bevor ein Marktforscher eine Studie durchführt, sollten die grundlegenden ethischen
und datenschutzrechtlichen Grundprinzipien z. B. im ESOMAR Kodex (ESOMAR
n. d.a, S. 6) nachgelesen werden. Diese drei Grundregeln beziehen sich auf:

1. **Transparenz:** Die Art der erhobenen Daten und der Forschungszweck muss
   für den Teilnehmer deutlich dargestellt werden. Auch welche Daten erhoben
   werden und dessen Übermittlungsform.
2. **Sorgfaltspflicht:** personenbezogene Daten müssen vor nicht autorisiertem
   Zugriff geschützt werden. Die Offenlegung der Daten bedarf der Zustimmung
   des Teilnehmers.
3. **Ethisch korrekte Verhaltensweise:** Marktforscher sollen Verhaltensweisen
   vermeiden, die den Teilnehmern oder dem Ruf der Forschungsbranche schädi-
   gen könnten (ESOMAR n. d.a, S. 6).

Friedrichs (2014, S. 81 ff.) benennt ähnliche Grundregeln (insbesondere bei
Befragungen, weil diese so häufig vorkommen). In seinem Kapitel zur Forschungsethik adressiert er informierte Einwilligung, Täuschungen, Unethische Fragen,
Vertrauen, Publikation der Ergebnisse und Nicht-Diskriminierung. Diese lassen
sich jedoch auf die drei ESOMAR Grundregeln subsumieren.
   Bei jeder Erhebungsart gibt es unterschiedliche ethische Bedenken. Zum
Thema Datenschutz gibt es online andere kritische, ethisch bedenkliche Themen
(z. B. die Verwendung vorausgefüllten Kreuzchen zur Einwilligung des Daten-
schutzes, die generelle Verwendung von Cookies ohne Einwilligung oder die
Datenübertragung ohne Verschlüsselungstechniken) (Magerhans 2016, S. 37) als
offline, wie z. B. die Anonymisierung der Daten oder das Trennungs- und Lösch-
angebot (Helfferich 2011, S. 190–192). Daher können die ethischen und datenschutzrechtlichen Bedenken hier nicht alle für jede Methode aufgeführt werden.
   Bogner et al. (2014, S. 90) stellen dabei die Freiwilligkeit, mit der ein
Teilnehmer an einer Studie partizipiert und die informierte Einwilligung

(Bogner et al. 2014, S. 90) in den Vordergrund. Ein Beispiel eines solchen Informationsblattes inklusive Einverständniserklärung befindet sich in Abb. 4.2.

Teilnehmer sollen ihrer Teilnahme aktiv zustimmen und explizit Ihr Einverständnis geben. Es obliegt der Pflicht des Forschers, sich vorab über die jeweils für die verwendete Methode relevanten Richtlinien zu informieren und diese zu beachten.

Informationsblatt / Einverständniserklärung

Hintergrund der Studie

Die Hochschule Fresenius Heidelberg führt unter der Leitung von Frau Prof. Dr. Adrienne Steffen und Prof. Dr. Susanne Doppler eine wissenschaftliche Studie zum Thema **„Nachhaltiger Konsum"** durch.

Die Interviews dauern ca. 30 Min. und werden im Frühjahr 2017 mit Konsumenten durchgeführt. Da es sich um eine wissenschaftliche Studie handelt, kann Ihre Teilnahme **leider nicht vergütet werden.**

Datenschutz

Ihre **persönlichen Daten** werden **anonymisiert** und **vertraulich** behandelt. Sie werden nicht an Dritte weitergegeben. Die Daten werden nur im Rahmen der wissenschaftlichen Studie von Frau Prof. Dr. Steffen und Prof. Dr. Susanne Doppler ausgewertet. Die Ergebnisse werden in einem wissenschaftlichen Buchband publiziert.

Einverständniserklärung

Hiermit erkläre ich mich einverstanden, dass die von mir gemachten Aussagen im Interview zu wissenschaftlichen Zwecken vertraulich und anonym verwendet werden dürfen. Ich wurde darüber informiert, dass ich die Teilnahme verweigern kann oder die die Befragung zu jeder Zeit abbrechen kann.
Bei Fragen zur Studie oder der Verwendung meiner Daten kann ich mich jederzeit an Frau Prof. Dr. Steffen (adrienne.steffen@hs-fresenius.de, 06221-6442-0) wenden und diese Einverständniserklärung widerrufen.

Ort, Datum:

_____   _____
Interviewer   Interview Teilnehmer

Abb. 4.2 Beispiel Informationsblatt/Einverständniserklärung

Daten aufbereiten und auswerten 5

Ziel der Datenaufbereitung ist es, die Datenqualität zu steigern, also eine Erhöhung der Aussagekraft und (Wieder-) Verwendbarkeit der Daten zu erreichen. Denn aus den erhobenen Daten (Kap. 4) sollen möglichst valide Einsichten und Erkenntnisse für den Marktforschenden und seinen Auftraggeber generiert werden.

Im Zuge der Datenaufbereitung werden die erhobenen Rohdaten kopiert (Scan oder Fotokopie), sortiert und strukturiert (z. B. chronologisch nach Erhebungsdatum und -ort). Im Anschluss daran werden die Daten kommentiert (Verschriftlichung von Metadaten zu jeder Beobachtung oder Interview, z. B. zu Ort, Zeit und Mitglieder des anwesenden Forschungsteams), anonymisiert, bereinigt und in eine auswertbare Form transformiert (z. B. über eine Transkription, Abschn. 5.1.2). Da die Bearbeitung der Rohdaten einen Eingriff in die Daten darstellt und daher eine auch unbeabsichtigte Datenmanipulationen nach sich ziehen kann, muss die Aufbereitung im Forschungsprozess transparent dokumentiert werden.

Als ein zentraler Schritt im Forschungsprozess erfüllt die Datenaufbereitung nach Döring und Bortz (2016b, S. 581) drei Funktionen:

1. Vermeidung von fehlerhaften Ergebnissen aufgrund z. B. unvollständiger oder fehlerhafter Daten.
2. Vermeidung von Schwierigkeiten bei der Daten(re)analyse aufgrund fehlender Kommentierung der Datensätze, wie z. B. genaue Angaben wann, wo und durch wen die Daten erhoben wurden, ein Codeplan, der die einzelnen Codes inhaltlich beschreibt.

© Springer Fachmedien Wiesbaden GmbH, ein Teil von Springer Nature 2019
A. Steffen und S. Doppler, *Einführung in die Qualitative Marktforschung,*
essentials, https://doi.org/10.1007/978-3-658-25108-6_5

3. Vermeidung ethischer Probleme: sofern keine eindeutige Einverständniserklärung vorliegt können durch Versäumnisse bei der Anonymisierung des Rohmaterials teilnehmende Personen identifizierbar sein (Verstoß gegen Forschungsethik und Datenschutzgesetze).

Darüber hinaus ist die Datenaufbereitung Voraussetzung für eine Weiterverarbeitung der Daten in IT-Systemen für eine computergestützte Datenanalyse (Abschn. 5.1.2.2).

5.1   Schritte der Datenaufbereitung

Die gesammelten Rohdaten werden schrittweise aufbereitet. Die folgende Checkliste sollte dabei abgearbeitet werden:

Checkliste Datenaufbereitung
1. Kopieren des gesammelten Rohdatenmaterials, um Datenverlust zu vermeiden
2. Digitalisieren des nicht digital gesammelten Rohdatenmaterials, z. B. handschriftliche Notizen
3. Sortieren anhand festgelegter Kriterien, z. B. chronologisch oder nach Erhebungsort
4. Überprüfen der Vollständigkeit, z. B. sind alle Einverständniserklärungen vorhanden, wurden Kommentare zu den einzelnen Erhebungen angefertigt (das sind sog. Metadaten); gravierende Lücken ggf. nacherheben
5. Im Idealfall pro Dokument eine einheitliche Formularform mit strukturierter Angabe relevanter Metadaten wie z. B. Erhebungsort und -zeit verwenden
6. Aussagekräftige Dateinamen vergeben
7. Zusammenfassung aller erhobenen Datenmaterialien in einer kommentierten Tabelle: Dateiname pro Einzeldokument plus Kommentar über Inhalt
8. Transkription
9. Anonymisierung der genierten qualitativen Datensätze

5.1.1 Transkription

Die audio-visuellen Daten, die in Interviews, wissenschaftlichen Beobachtungen oder Gruppendiskussionen erhoben werden (Kap. 4), werden in eine schriftliche Form gebracht. Wird gesprochene Sprache in eine schriftliche Fassung gebracht, spricht man von Transkription (Mayring 2002, in Höld, R. 2009, S. 657). Vor der Transkription muss festgelegt werden, nach welchen Richtlinien das Transkript erstellt werden soll. Für verbale Daten unterscheidet Höld (2009, S. 659) wörtliche Transkription, kommentierte Transkription, zusammenfassende Transkription und selektive Transkription.

Laut Richards (2005, in Höhl 2009, S. 664) beträgt der Zeitaufwand für das Transkribieren ungefähr sechsmal so lange wie die Dauer des Gespräches. Daher wird die Transkriptionsarbeit in der internen betrieblichen Marktforschung oft an einen externen wissenschaftlichen Schreibservice ausgelagert. In Hochschulprojekten übernehmen nicht selten bezahlte Hilfswissenschaftler diese Tätigkeit. Wird das Transkribieren ausgelagert, müssen im Vorfeld genaue Richtlinien zur Transkripterstellung festgelegt werden. Es ist zudem ratsam, die erstellten Transkripte stichprobenartig mit den Originalaufnahmen zu vergleichen, um die Qualität der Transkripte zu kontrollieren (Höhl 2009, S. 665).

> ▷ Für jedes Transkript sollte ein eigenes Dokument angelegt werden, beginnend mit folgenden Angaben: Name bzw. Pseudonym der Interviewperson, Zeit und Ort des Interviews, Grund, warum die Interviewperson in die Studie einbezogen wurde. Am Ende des Transkriptes kann eine Kurzzusammenfassung der wichtigsten Punkte in einem Memo erfolgen.

5.1.1.1 Wörtliche Transkription

Bei der wörtlichen Transkription wird nach Mayring (2002, in Höld 2009, S. 660) das gesprochene Wort in Schrift übertragen. Dabei unterscheidet man die Übertragung in literarische Umschrift und Übertragung in Standardschrift. Bei der literarischen Umschrift werden Dialekt und sprachliche Eigenheiten eins zu eins festgehalten (z. B. „ich geh" statt „ich gehe"). Hierbei werden Dialekt und umgangssprachliche Sprachfärbungen mit dem gebräuchlichen Alphabet wiedergegeben (Mayring 2002, in Höld 2009, S. 660). Mit dieser Methode bleiben die Besonderheiten der gesprochenen Sprache erhalten. Wenn der Inhalt des Gesprächs im Vordergrund steht, werden die Daten in Standardsprache transkribiert. Dabei werden Grammatikfehler behoben und der Dialekt in Standardsprache übersetzt, sowie der für das Sprechen typische Satzbau wird korrigiert (Höld 2009, S. 660).

5.1.1.2 Kommentierte Transkription

Die kommentierte Transkription erfasst auch non-verbale Äußerungen, wie Pausen (kurz/lang), Lachen, sicheres oder unsicheres und besonders betontes Sprechen, Mimik und Gestik. Diese Kommentare können in der Sozialforschung durchaus interessante Einsichten liefern. Prinzipiell gilt aber, dass nur solche über das gesprochene Wort hinausgehende Details in Kommentare überführt werden, die auch ausgewertet werden (Rubin und Rubin 2005, in Höld 2009, S. 662). Kommentaren müssen sich vom Text deutlich als Anmerkungen des Forschers bzw. der Forscherin abheben (z. B. durch Arbeiten mit Klammern) (Höhl 2009, S. 662). Die Anmerkungen können z. B. in einer Spalte neben dem eigentlichen Text platziert werden. Dazu werden im Transkript mehrere Spalten aufgenommen, in der dann beispielsweise Mimik und Gestik während des Gesprächsablaufes festgehalten werden. Man nennt dies eine Partitur (Tab. 5.1).

▶ Für die Erstellung von Transkripten mit Kommentaren, die über das Wortprotokoll hinausgehenden, kann mit sogenannten Notationszeichen gearbeitet werden. Z. B. … für kurze Pause und (…) für lange Pause. Es ist sinnvoll, solche Notationszeichen mit der Kompatibilität in der ggf. eingesetzten Auswertungs-Software Systemen abzugleichen (Abschn. 5.1.2.2). Darüber hinaus kann der Forschende in sogenannten Memos Kommentare festhalten, z. B. zu Störungen wie Telefonklingeln, hereintretende Personen, Beschreibung der Mimik, Gestik und der Szene.

5.1.1.3 Inhaltsanalytische Transkription

Die Methode der inhaltsanalytischen Transkription verbindet die Methode der Transkription mit ersten inhaltsanalytischen Auswertungsschritten. Die gängigste Methode ist das zusammenfassende Protokoll. Hierbei wird das gesprochene Wort bei der Verschriftlichung zusammengefasst. Bedeutungsgleiche Einheiten werden gestrichen, inhaltlich eng zusammenhängende Textpassagen nacheinander und gebündelt wiedergegeben (Höld 2009, S. 663). In der Marktforschung ist es üblich, dass der Interviewer ein kurzes Inhaltsprotokoll nach dem Interview verfasst und diese Information direkt im Anschluss an das Institut weiterleitet. So können die wichtigsten Inhalte schon kurz nach der Studie für den Auftraggeber

Tab. 5.1 Gliederung einer Partitur (Höhl 2009, S. 662)

Fortlaufender Text	Gesamtbeschreibung der visuellen Szene	Beschreibung der Mimik	Beschreibung der Gestik

in einem Kurzbericht zusammengefasst werden. Teilweise finden auch gleich nach der Datenerhebung Telefonate mit dem Auftraggeber statt, um die ersten Ergebnisse zu kommunizieren.

5.1.1.4 Teiltranskription

Die Verschriftlichung von Video- und Audioaufzeichnungen, die im Rahmen von wissenschaftlichen Beobachtungen oder umfangreichen Einzel- und Gruppen-interviews entstehen, kann gerade im Kontext größerer Feldstudien sehr zeit- und kostenintensiv sein. Sofern Aufwand und Nutzen für den Erkenntnisgewinn in keinem angemessenen Verhältnis stehen, kann mit Begründung eine Teil-transkription erstellt werden. Dabei werden nur die für die Forschungsfrage rele-vanten Bereiche verschriftlicht und die sonstigen Passagen vom Forschenden in eigenen Worten zusammengefasst (Höld 2009, S. 663, 667).

5.1.1.5 Transkription von Videoaufnahmen

Für Videoaufnahmen, die im Rahmen der wissenschaftlichen Beobachtung ent-stehen, empfehlen Moritz (2014a, S. 35) und Reichertz (2014, S. 68–6) die sogenannte Partitur- bzw. Feldpartiturschreibweise.

Die Feldpartitur sieht eine Verschriftlichung eines Bildes bzw. eine Video-sequenz auf fünf Ebenen vor. Dazu wird das Video in sinnvolle, in der Aus-sage abgrenzbare Sequenzen unterteilt, es entstehen sogenannte Frames (Moritz 2014a, S. 35) bzw. Moves (Reichertz 2014, S. 69). Jeder Frame bzw. Move wird dann auf folgenden Ebenen verschriftlicht – die Partitur entsteht (Moritz 2014a, S. 35–38; Höld 2009, S. 661–662):

- **Repräsentation**
  - Beschreibung der visuellen Komponenten des Einzelbildes bzw. der Sequenz pro Frame bzw. Move.
- **Beschreibung**
  - Transkription der gesprochenen Sprache auf der Basis bestehender Text-Transkriptionsstandards (siehe Kapitel Transkription).
  - Notation von Symbolen innerhalb eines definierten Bezugsrahmens, etwa der Mimik und Gestik, der Musiknotation oder der Filmsprache.
- **Interpretation**
  - Memoing: Verbalumschreibung von Ereignissen im Video in Form von Handlungsbeschreibung, Erlebensdaten, Notizen und durch Verknüpfung mit weiteren Datensorten in der Forschungsarbeit.
  - Codeskript: Codieren und Interpretieren von Ereignissen in der Sequenz; Bildung von Codes und Kategorien; Codierung von Ereignissen wie z. B. der Mimik, Gestik.

Anders als bei der textbasierten qualitativen Inhaltsanalyse ist die Verschriftlichung von Video- und Bildmaterial in einer Partitur sowohl Datenaufbereitung
als auch Datenanalyse in einem Schritt. Eine ausführliche Methodenbeschreibung
für verschiedene Anwendungsfälle findet sich bei Moritz (2014b) und Denzin
(2015, S. 416–428).

5.1.1.6 Wissenschaftliche Beobachtung ohne Videoaufnahmen

Die Datenaufbereitung und Auswertung einer wissenschaftlichen Beobachtung
sollte zeitnah erfolgen. Alle Feldnotizen werden verschriftlich (Gesprächs-,
Beobachtungsprotokolle, Beschreibung von Stimmungen, Licht, Temperatur, eigene
Gedanken und Gefühlslage, etc.). Die Feldnotizen werden mit der Methode der
Qualitativen Inhaltsanalyse nach Mayring (2010) ausgewertet (Abschn. 5.2).

5.1.2 Aufbereitung für die manuelle Auswertung

Alle Dokumente und Transkripte werden mehrfach kopiert, damit sie im Zuge
der manuellen Auswertung kommentiert, ausgeschnitten und neu gruppiert werden können (Döring und Bortz 2016b, S. 583), alternativ empfiehlt es sich die
relevanten Textpassagen zum Ordnen gleich auf Notizkarten zu drucken. In der
betrieblichen Marktforschung übernehmen auf Kundenwunsch bei fehlender
Expertise oder Ressourcenknappheit darauf spezialisierte, externe Dienstleister
die Aufbereitung der Daten.

5.1.2.1 Aufbereitung für die Auswertung mit Bürosoftware

Die aufbereiteten Daten werden z. B. in Word oder Excel kopiert. Für den
Umgang mit Transkripten empfehlen Döring und Bortz (2016b, S. 368) folgendes
Vorgehen:

- Die Audioaufzeichnung wird vollständig in der Originalsprache verschriftlicht
- 50–55 Zeichen pro Zeile (das erlaubt Randbemerkungen)
- Die Zeilen nummerieren
- Die Seiten nummerieren
- Text in einfachem Zeilenabstand
- Sprecher in Großbuchstaben und mit Doppelpunkt markieren (NAME: Text
  Text Text)

▷ Im Kontext größerer Feldstudien kann eine Volltranskription von Video-und Audiodateien, die bei Einzelinterviews oder Gruppengesprächen entstehen, sehr aufwendig und kostspielig sein. In solchen Fällen können Teiltranskripte des Materials erstellt werden oder alternativ auf eine IT-gestützte Auswertung zurückgegriffen werden.

5.1.2.2 Aufbereitung für die IT gestützte Auswertung

Der Einsatz von Transkriptions- und Auswertungssoftware bringt viele Vorteile mit sich. Der Forschende spart Zeit, kann ortsunabhängig vom Datenmaterial arbeiten und gerade bei großen Studien hilft die Software, den Überblick zu bewahren. Bei guter Aufbereitung der Daten liefert die Software Auswertungen auf Knopfdruck und unterstützt den Forschenden bei der Erstellung von Auswertungsgrafiken, Wortwolken usw. (Abschn. 6.2).

Höhl (2009, S. 666) empfiehlt, die Gespräche mittels MP3 Player mit Mikrofoneingang bzw. mittels Aufnahmesoftware und Mikrofon direkt am PC aufzunehmen. Im Internet existieren spezielle, meist kostenfreie Transkriptionssoftwarelösungen, über die die MP3-Dateien abgespielt werden. Eine automatische Spracherkennung überführt das gesprochene Wort dann in eine Textdatei.

Weiterführende Hinweise zum IT-gestützten Transkribieren sind z. B. auf der Website von audiotranskription.de (n. d.) verfügbar.

Für die Auswertung der Transkripte muss im Vorfeld der Datenaufbereitung ein geeignetes Programm ausgewählt werden, damit alle Rohdaten im passenden Datenformat aufbereitet werden. Gängige IT-Systeme sind beispielsweise MaxQDA oder Atlas.ti – der aufbereitete Datensatz ist dann entsprechend eine MaxQDA-Datei oder Atlas.ti-Datei (Döring und Bortz 2016b, S. 583, 608–609).

Für die Videoanalyse empfiehlt Reichertz (2014, S. 67–68) die folgenden Softwarelösungen: Movieskript, EXMARalDA TASX, SFB Z2, ANVIL Annotation of Video and Spoken Language, Annotation Graph Toolkit (AGTK), die Feldpartitur von Christine Moritz, ELAN, FOLKER, f4/f5, Praat, Transana, Transcribe, Transcriber, Transcriva und trAVis.

5.2 Daten analysieren

Im deutschsprachigen Raum hat sich die von dem Psychologen Philipp Mayring entwickelte Form der Inhaltsanalyse am stärksten etabliert (Döring und Borz 2016b, S. 542). Ziel der qualitativen Inhaltsanalyse ist es, aus qualitativem Text- oder Bildmaterial durch Kategorienbildung systematisch Inhalte herauszuarbeiten und diese bei Bedarf auch zu quantifizieren (Döring und Borz 2016b, S. 602).

5.2.1 Qualitative Dokumentenanalyse

Die Methode der qualitativen Dokumentenanalyse kann angewendet werden auf alle Arten von Dokumenten, z. B. schriftlich transkribierte Gespräche und Interviews, vorgefundene Dokumente wie Briefe, Webseiten, Social Media Posts, Bilder und Videos. Die Auswertung kann entweder manuell erfolgen auf Basis von Excel oder IT-gestützt. Wenn eine Dokumentenanalyse im Forschungsdesign vorgesehen wird, ist darauf zu achten, dass Dokumente wie z. B. Akten, Verträge, Notizen, Jahresberichte, Tagebücher, Zeugnisse, Urteile, Briefe oder Gutachten (Wolff, S. 503) eine andere Datenebene darstellen. Ergebnisse aus der Dokumentenanalyse sollen nicht als gleichwertige Daten wie Beobachtungs- oder verbale Daten verwendet werden. Das bedeutet, dass Aussagen, die aus Dokumenten gewonnen werden, nicht Ergebnisse, die z. B. in Interviews gewonnen wurden, aushebeln können (Wolff 2015, S. 511).

Döring und Bortz (2016b, S. 533) unterscheiden forschungsgenerierte Dokumente, wie z. B. Transkripte von Interviews und von qualitativen Beobachtungen und nicht-forschungsgenerierte Dokumente, wie z. B. Social Media Posts, Webseiten und Briefe.

Die häufigste Form der Qualitativen Dokumentenanalyse ist die zusammenfassende qualitative Inhaltsanalyse nach Mayring (2010). Mayring (2010, S. 11–13) charakterisiert die Qualitative Dokumentenanalyse über sechs Kriterien:

1. Hat Kommunikation zum Gegenstand (Sprache, Musik, Bilder, und ähnliches).
2. Die Kommunikation wird protokolliert: fixierte Kommunikation.
3. Systematisches Vorgehen: keine freie Interpretation.
4. Regelgeleitetes Vorgehen, d. h. andere können nachvollziehen, verstehen und überprüfen.
5. Theoriegeleitetes Vorgehen, d. h. die Ergebnisse werden vor einem gegebenen Theoriehintergrund analysiert und interpretiert.
6. Schlussfolgernde Methode, die Aussagen über den Sender macht, z. B. dessen Absichten, oder dessen Einschätzungen zu bestimmten Fragestellungen.

5.2.1.1 Der Codierungsprozess

Code ist der Begriff für eine kurze Phrase, die die Essenz oder Bedeutung eines Inhalts wiedergibt. Im Codierungsprozess unterscheidet man prinzipiell zwei Herangehensweisen (Döring und Bortz 2016b, S. 541): Induktives und deduktives Vorgehen.

Bei einem induktiven Vorgehen werden die Bedeutungsgehalte der Dokumente datengesteuert herausgearbeitet. Das bedeutet, dass die Bedeutungsgehalte in übergeordneten, verbalen Codes und Kategorien zusammengefasst werden. Bei einem deduktiven Vorgehen werden theoriebasierte Codes im Vorfeld der Datenerhebung literaturbasiert in einem Literatur Review (Kap. 6) erarbeitet und beschrieben. Die Bedeutungsgehalte der Dokumente bzw. Gespräche werden den Codes zugeordnet. Anders als im Hochschulbereich spielt diese Herangehensweise in der betrieblichen internen und beauftragten Marktforschung keine Rolle, da in der Regel keine Literatur Reviews im Vorfeld einer Studie erstellt werden. In der Marktforschung ergeben sich die Codes üblicherweise aus dem Textinhalt. Eine Mischung beider Herangehensweisen ist durchaus möglich.

5.2.2   Zusammenfassende qualitative Inhaltsanalyse

Die zusammenfassende qualitative Inhaltsanalyse nach Mayring (2010) besteht aus vier Schritten (Döring und Borz 2016b, S. 542), die der Forschende am transkribierten Datenmaterial vollzieht (Tab. 5.2). In der betrieblichen Marktforschung wird die Inhaltsanalyse oft durch speziell auf die Analyse ausgebildete Mitarbeiter vorgenommen, Datenerhebung, -aufbereitung und -auswertung kommen hier nicht aus einer Hand. In Hochschulprojekten, wie beispielsweise einer Bachelorarbeit hingegen liegen Datenerhebung und -auswertung in einer Hand.

Um den Umfang und die Komplexität der verbalen Daten zu reduzieren werden im ersten Schritt inhaltstragende Textstellen identifiziert und nicht-inhaltstragende Stellen gestrichen. Man nennt dieses Vorgehen Paraphrasieren. Im nächsten Schritt werden die einzelnen Paraphrasen in einen den Inhalt generalisierenden Begriff überführt, man nennt diesen Schritt Codieren. Die Codes helfen, den Inhalt zusammenzufassen. Wird beispielsweise in einer qualitativen Studie die Rolle von Nachhaltigkeits-Preisen auf das Vertrauen der Verbraucher untersucht (Steffen und Doppler 2018; Tab. 5.2), so können Aussagen zur Rolle von Zertifikaten unter jeweils einem Code zusammengefasst werden.

Im nächsten Schritt identifiziert der Forschende alle bedeutungsgleichen oder unwichtige Paraphrasen innerhalb eines Transkriptes und streicht diese, um die Datenmenge zu reduzieren. Da – anders als in der quantitativen Forschung – es keine Rolle spielt, wie häufig innerhalb eines Gesprächs eine Aussage getätigt wird, bringt die Wiederholung im qualitativen Ansatz schließlich keine neue Erkenntnis und kann gestrichen werden. Man nennt das die erste Reduktion.

Tab. 5.2 Beispiel einer zusammenfassenden qualitativen Inhaltsanalyse, Datenauswertung für (Steffen und Doppler 2018)

Nun möchte ich mich mit Ihnen über die zentralen Faktoren unterhalten, die die Produktwahl von Bio-Lebensmittel beeinflussen. Welche Rolle spielen Zertifikate (z. B. Deutscher Nachhaltigkeitspreis)?

O-Ton	Paraphrase	Erste Reduktion	Code	Zweite Reduktion
Ich bin da nicht so up to date mit Zertifikaten. Definitiv wenn ich von so einem Preis höre. Den gucke ich mir im Internet schon an und lese darüber. Aber wenn mich das Produkt nicht anspricht, kaufe ich es nicht, nur weil es ein Zertifikat hat.	Wenn ich von einem Preis höre lese ich im Internet darüber. Wenn mich das Produkt nicht anspricht kaufe ich es nicht, nur weil es ein Zertifikat hat.	Zertifikate spielen bei der Kaufentscheidung von Bio-Produkten keine Rolle.	Rolle der Zertifikate	Zertifikate haben keinen Einfluss auf die Produktwahl von Bio-Lebensmitteln.
Das spielt überhaupt keine Rolle. Die Siegel sind oft schon viele Jahre alt. Bei Mineralwasser habe ich im Artikel gelesen, dass das Siegel von 2012 gewesen ist. Darauf kann man dann nicht mehr zurückgreifen.	Das spielt keine Rolle. Die Siegel sind oft viele Jahre alt. Bei Mineralwasser habe ich gelesen, dass das Siegel von 2012 ist. Darauf kann man nicht mehr zurückgreifen.	Zertifikate spielen bei der Kaufentscheidung von Bio-Produkten keine Rolle.	Rolle der Zertifikate	
Den deutschen Nachhaltigkeitspreis kenne ich nicht; Zertifikate allgemein achte ich nicht drauf.	Den deutschen Nachhaltigkeitspreis kenne ich nicht.	Zertifikate sind nicht bekannt.	Rolle der Zertifikate	

(Fortsetzung)

Tab. 5.2 (Fortsetzung)

Nun möchte ich mich mit Ihnen über die zentralen Faktoren unterhalten, die die Produktwahl von Bio-Lebensmittel beeinflussen. Welche Rolle spielen Zertifikate (z. B. Deutscher Nachhaltigkeitspreis)?

O-Ton	Paraphrase	Erste Reduktion	Code	Zweite Reduktion
Daran glaube ich eh nicht. Zertifikate sind eine Frage des Geldes, wer das Meiste bezahlt bekommt das Zertifikat. Das kenne ich aus der Klinik. Ich glaube eher an regionale Produkte.	Ich achte allgemein nicht auf Zertifikate.	Zertifikate spielen bei der Kaufentscheidung von Bio-Produkten keine Rolle	Rolle der Zertifikate	
	Daran glaube ich nicht. Zertifikate sind eine Frage des Geldes, wer das Meiste bezahlt bekommt das Zertifikat. Ich glaube eher an regionale Produkte.	Zertifikate sind nicht vertrauensbildend.	Rolle der Zertifikate	
Kenne ich gar nicht	Kenne ich nicht.	Lebensmittel Zertifikate sind nicht bekannt.	Rolle der Zertifikate	

In einer zweiten Reduktion werden die verbliebenen Paraphrasen und dazu-
gehörigen Codes fallbezogen (ein Fall ist z. B. ein Interview-Transkript) über
alle Fälle (also alle Interview-Transkripte) in einer tabellarischen Auswertung
gebündelt und in neue, übergeordnete Paraphrasen zusammengefasst, die die
Hauptinhalte aus allen Interviews darstellen. So kommt der Forschende zu den
zentralen Aussagen und Ergebnissen aus allen Interviews. Das Ergebnis ist die
zentrale Aussage, die aus allen Interviews zu einem Punkt einmal festgehalten
wird. In einer extra Tabellenspalte kann die absolute und relative Häufigkeit der
Nennungen angegeben (für Beispiele siehe Döring und Bortz (2016b, S. 543) und
Mayring, P. (2010, S. 72–73).

> **Tipp**
> *Codes bilden:*
> Codes sollten verschiedene Bereiche abdecken, z. B.:
>
> - Phänomen: Worum geht es? Worauf bezieht sich der Text?
> - Ursachen: Was führt zu dem untersuchten Phänomen?
> - Kontext: Welche Ausprägungen äußert der Befragte für das aktu-
>   elle Phänomen? Was sind die Bedingungen für Strategien?
> - Strategien: Wie gehen die Befragten mit dem Phänomen um?
> - Konsequenzen: Worin resultieren die auf das Phänomen bezogenen
>   Handlungen und Strategien?
>
> Strübing, J. (2018, S. 132, 134).

> **Tipp**
> Codes anwenden – Codieren: Beim Codieren werden Sätze bzw. Satz-
> abschnitte „befragt" (Strübing, J. 2018, S. 132, 134)
>
> - Was wird hier thematisiert?
> - Was ist relevant für die Forschungsfrage?
> - Welches (Handlungs-)Problem zeigt der Sprecher durch die Art seines
>   Ausdrucks an?

Während des Auswerteprozesses können sich aus dem Datenmaterial
neue Codes ergeben. Das bedeutet, dass alle Paraphrasen erneut
durchgegangen werden müssen und ggf. dem neuen Code zugeordnet
werden. Das ist zwar zeitaufwendig, aber gleichzeitig ein enorm wert-
bringender Prozess in der qualitativen Marktforschung, da die Ergebnisse aus den Transkripten an Aussagekraft gewinnen.

Ergebnisse darstellen und präsentieren 6

Erkenntnisse, die in der qualitativen Marktforschung gewonnen werden, können in Berichten, Vorträgen und wissenschaftlichen Texten dargestellt werden (Meyer und Meier zu Verl 2014, S. 245).

6.1 Schriftliche Aufbereitung

Die schriftliche Aufbereitung unterscheidet sich in Teilen, je nachdem, ob die Forschung für ein wissenschaftliches Projekt an Hochschulen oder in der betrieblichen Marktforschung erfolgt. Tab. 6.1 zeigt den Aufbau einer schriftlichen Aufarbeitung an Hochschulen (nach Brosius et al. 2016, S. 254) und in der betrieblichen Marktforschung.

6.1.1 Forschungsfrage und Forschungsziele

Zu Beginn jeder Marktforschung wird die Forschungsfrage, bzw. die Problemstellung formuliert. Forschungsfragen in der Qualitativen Marktforschung sind typischerweise offener formuliert als in der Quantitativen Marktforschung. In der Praxis wird die Forschungsfrage mit dem Kunden entwickelt, in der Hochschulforschung stellt sie sich dem Forschenden vor dem Hintergrund seiner Forschungsinteressen und einer Kenntnislücke in der wissenschaftlichen Literatur.

Forschungsziele konkretisieren die Erkenntnisschritte, die zur Beantwortung der Forschungsfrage notwendig sind.

© Springer Fachmedien Wiesbaden GmbH, ein Teil von Springer Nature 2019
A. Steffen und S. Doppler, *Einführung in die Qualitative Marktforschung*,
essentials, https://doi.org/10.1007/978-3-658-25108-6_6

Tab. 6.1 Schriftliche Aufbereitung in der betrieblichen Marktforschung und in der Hochschulforschung

Betriebliche Marktforschung	Hochschulforschung
Präsentation für Auftraggeber (intern oder extern)	Bericht, Bachelor- oder Masterarbeit, wissenschaftliche Publikation
Problemstellung (Informationsproblem, Entscheidungsproblem)	Entwicklung der Forschungsfrage und der Forschungsziele
Keine Entsprechung	Literature Review
Methode	
Ergebnisdarstellung: Erstellen von Text, Tabellen und Schaubildern mit den zentralen Befunden und Erkenntnissen, Bezug zur Problemstellung bzw. Forschungsfrage herstellen	
Handlungsempfehlungen für den Auftraggeber	Diskussion der Ergebnisse im Verhältnis zur Forschungsfrage
Zusammenfassung und Ausblick	
Literaturverzeichnis	
Anhang bei Bedarf auf Wunsch des Auftraggebers	Anhang mit Rohdaten (Fragebogen, Transkripte, Audiofiles, Videofiles), sowie alle im Forschungsprozess erhobenen Informationen

6.1.2 Literatur Review

Ein empirischer Forschungsprozess in der Hochschulforschung ist theoriebasiert. Das bedeutet, dass im Verlauf des Forschungsprozesses wissenschaftliche Theorien über den Forschungsgegenstand und der Stand des Wissens kritisch dargestellt werden. Basierend darauf kann ein sogenanntes Conceptual Framework entwickelt werden, das im Zuge der Qualitativen Marktforschung untersucht wird. Die einzelnen Faktoren des Frameworks dienen als „Codes" im deduktiven, theoriebasierten Codierungsprozess (Kap. 5). Abb. 6.1 zeigt ein beispielhaftes Conceptual Framework zum Thema „Aufbau von Vertrauen und Kundenzufriedenheit auf Basis nachhaltiger Geschäftspraktiken im Einzelhandel" (Steffen und Doppler 2018). In der betrieblichen Marktforschung werden in der Regel keine Literature Reviews erstellt.

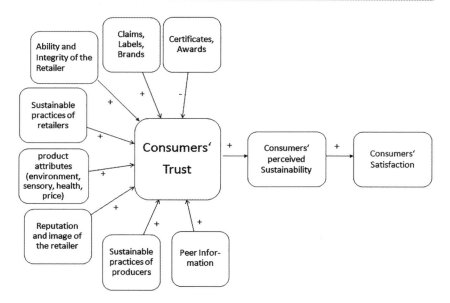

Abb. 6.1 Faktoren für den Aufbau von Verbraucher-Vertrauen und Zufriedenheit. (Steffen und Doppler 2018)

6.1.3 Methode

Die Beschreibung des methodischen Vorgehens während des Forschungsprozesses wird transparent und nachvollziehbar dargestellt. Das Kapitel beinhaltet

a) Das Forschungsdesign (Kap. 2)
b) den Stichprobenplan (Kap. 3)
c) eine Charakterisierung der Stichprobe (z. B. Umfang und Zusammensetzung: Geschlecht, Alter, Beruf/Position, Charakterisierung nach weiteren für die Forschungsfrage relevanten Kriterien (z. B. Einkaufsverhalten) (Kap. 3)
d) die Methode der Datenerhebung (z. B. Einzel-Interview, Gruppeninterview, Beobachtung, Kap. 4)
e) Angaben zur Datenerhebung: bei Interviews und Beobachtungen: Datum, Uhrzeit, Dauer, Umgebung; bei Dokumentenbasierten Auswertungen: Suchbegriffe, Archive, etc.
f) die Art der Datenaufbereitung (Kap. 5)
g) die Methode der Datenauswertung (Kap. 5)

6.1.4 Ergebnisse

In der Ergebnisdarstellung werden die zentralen Befunde, die aus dem Daten-material exploriert wurden, als Fließtext dargestellt. Befunde werden jeweils durch einschlägige Zitate untermauert. Dies kann entweder in Form einer Tabelle erfolgen oder im Fließtext eingebaut werden.

Alle Antworten werden sowohl im Abschnitt Ergebnisse als auch im Anhang anonymisiert dargestellt. Teilnehmer können z. B. anonymisiert werden, indem in einer Liste für jeden Teilnehmer ein eindeutiger Zahlencode vergeben wird. Zusätzliche Informationen wie Alter, Geschlecht und weitere relevante Charak-teristika wie Nutzungstyp (z. B. täglich, häufig, selten) oder Käuferverhalten (täglicher, regelmäßiger Käufer, unregelmäßiger Käufer) geben dem Leser der Ergebnisse trotz der Anonymität ein Gespür, welcher Typus der Stichprobe zu Wort kommt. Dies hilft dem Leser, die Aussage im Kontext zu interpretieren und zu bewerten.

So kann die Darstellung der Ergebnisse in Text gefasst werden

Vertrauen:

In Bezug auf Nachhaltigkeits- und Bio-Labels bestätigen die Teilnehmer zum einen, dass sie auf zertifizierte Labels wie Demeter, Bioland und Fairtrade vertrauen. Bei der Vertrauensbildung scheint die Transparenz des Labels ein kritisches Thema zu sein. Darüber hinaus sind die Verbraucher misstrauisch gegenüber den Labels der Discounter und bei mangelnder verfügbarer Infor-mation über das betreffende Label.

Ja, das spielt eine große Rolle, weil ich mir denke, dass die Höfe auch überprüft werden, damit sie die Siegel bekommen. Ich würde diesem Siegel dann vertrauen (003, Weibl., 65, Typus häufiger Käufer von Bio Produkten).
Ich vertraue den großen Siegeln, die weitreichend eingesetzt werden. Bio, Fairtrade und Demeter. Aber ich vertraue keinem Siegel, die die Firmen selbst verleihen z.B. die Biosiegel der Discounter- also Siegel die nicht transparent kontrolliert sind (004, Männl., 22, Typus täglicher Käufer von Bio Produkten).

(Steffen und Doppler 2018, S. 218)

6.1.5   Diskussion

In der wissenschaftlichen Hochschulforschung werden die dargestellten Ergebnisse in der Diskussion vor dem Hintergrund der Literatur kritisch besprochen. Der Forschende setzt sich hier mit der Bedeutung der Ergebnisse für den Forschungsgegenstand, der Aussagekraft und der Grenzen seiner Ergebnisse auseinander. In der betrieblichen Marktforschung ist dies nicht üblich. Hier vertraut der Auftraggeber auf das Expertenwissen des Marktforschers und erwartet die Ableitung von Handlungsempfehlungen für das Unternehmen.

Die Literaturliste befindet sich am Ende eines Kapitels, eines Berichts oder einer Präsentation und muss alle Literatur und Quellen aufführen, die in der Arbeit wörtlich oder sinngemäß zitiert wurden. Dazu gehören

- Wissenschaftliche Literatur (Journal Artikel, Bücher, Studien)
- Zeitungs- und Zeitschriftenartikel
- Internetquellen
- PDFs
- E-Mails
- Fotos
- Bilder
- Abbildungen
- Filme
- und weiterer Medien, wie z. B. CDs

Die internationale Forschung verwendet verschiedene Zitationsstandards, z. B. APA (American Psychological Association), AMA (American Marketing Association) oder Harvard. Für die wissenschaftliche Forschung an Hochschulen klärt der Forschende im Vorfeld der Studie, welcher Standard im Verlag oder in der Forschungseinrichtung Anwendung findet.

6.1.6   Anhang

In der Hochschul-Marktforschung beinhaltet der Anhang den Fragebogen, alle Rohdaten aus der Datenerhebung, sowie sonstiges Material, das im Forschungsprozess verwendet oder erzeugt wurde, wie z. B. Bilder, Audiofiles, Videofiles. In der betrieblichen Marktforschung wird in der Regel kein schriftlicher Bericht, sondern eine Präsentation mit den Ergebnissen erstellt. Diese beinhaltet nur auf Anfrage des Auftraggebers einen Anhang.

6.2   Visuelle Aufbereitung

Die visuelle Aufbereitung der Ergebnisse fließt sowohl in den schriftlichen Ergeb-
nisteil, aber vor allem auch in die Präsentation der Ergebnisse, beispielsweise im
Rahmen einer Tagung oder vor dem Kunden.

Verbale Daten können in „Wort Wolken" oder MindMaps Abb. 6.2 dargestellt
werden, die einen visuellen Eindruck des Interviews geben. Das Programm erzeugt
beispielsweise interessante Vergleiche, z. B. wenn umfangreiche, unstrukturierte
Interviews in einer Studie miteinander verglichen werden sollen (Thomas 2016,
S. 212).

Soziogramme sind geeignet, um Beziehungen zwischen Menschen darzustellen
(Thomas 2016, S. 2012–2013).

Auch Fotos aus dem Forschungsprozess visualisieren Ergebnisse. Sie können
mit Originalzitaten verbunden werden, wie beispielsweise je ein positives und ein
negatives Statement, um die Bandbreite der Aussagen abzubilden oder um Posi-
tionen zu verdeutlichen.

Auch Video-Zusammenschnitte können zur Visualisierung der Ergebnisse
einen wertvollen Beitrag leisten, z. B. im Rahmen von Beobachtungen oder
Gruppengesprächen.

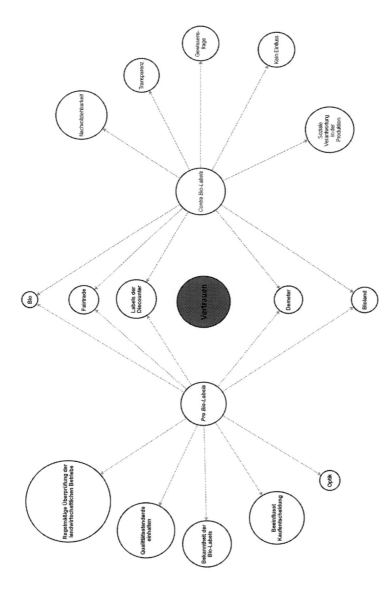

Abb. 6.2 Beispiel visuelle Aufbereitung von Daten in einer MindMap

Erratum zu: Vorgehensweise bei der Untersuchungsplanung und Forschungsdesign

Erratum zu:
Kapitel 2 in: A. Steffen und S. Doppler,
Einführung in die Qualitative Marktforschung, **essentials,**
https://doi.org/10.1007/978-3-658-25108-6_2

Die originale Version dieses Buches wurde auf Seite 11 mit den beiden vertauschten Begriffen induktives versus deduktives Vorgehen publiziert. Dies ist nun korrigiert und lautet wie folgt:

Induktives Vorgehen ist im qualitativen Forschungsparadigma etabliert. Der Erkenntnisprozess beginnt mit den Daten. Es wird vom Speziellen (Erkenntnisse aus den erhobenen Daten) auf das Allgemeine (Theoriebildung) geschlossen. In einer analytischen Verallgemeinerung werden Theorien gebildet oder bestätigt, die dann in einem zweiten Schritt in quantitativer Forschung überprüft werden kann (Döring und Bortz 2016a, S. 35).

Deduktives Vorgehen ist im quantitativen Forschungsparadigma etabliert. Es wird vom Allgemeinen (Theorie) auf das Spezielle geschlossen. Der Erkenntnisprozess beginnt hier mit einer Theorie bzw. einem Modell, aus dem man empirisch überprüfbare Hypothesen ableitet. Von der Stichprobe wird dann auf

---

Die korrigierte Version des Kapitels ist verfügbar unter
https://doi.org/10.1007/978-3-658-25108-6_2

die Grundgesamtheit geschlossen (statistische Verallgemeinerung). Wenn die erhobenen Daten die Theorie widerlegen führt dies zu einer Kritik der Theorie; wenn die Daten die Theorie bestätigen gilt die Theorie unter der genannten Versuchsbedingungen als bestätigt (Döring und Bortz 2016a, S. 35).

Was Sie aus diesem *essential* mitnehmen können

- Wie man eine qualitative Marktforschungsstudie entwirft
- Wie man unterschiedliche qualitative Daten erhebt
- Wie man qualitative Daten auswertet
- Wie man die Ergebnisse einer qualitativen Marktforschungsstudie präsentiert

© Springer Fachmedien Wiesbaden GmbH, ein Teil von Springer Nature 2019
A. Steffen und S. Doppler, *Einführung in die Qualitative Marktforschung,*
essentials, https://doi.org/10.1007/978-3-658-25108-6

Literatur

ADM. (n. d.a). ADM Stadards und Richtlinien. https://www.adm-ev.de/standards-richtlinien/#anker6. Zugegriffen: 20. Sept. 2018.

ADM. (n. d.b). Anzahl der festangestellten Mitarbeiter der Marktforschungsinstitute in Deutschland in den Jahren 1986 bis 2016. In *Statista – Das Statistik-Portal.* https://de.statista.com/statistik/daten/studie/161541/umfrage/anzahl-der-mitarbeiter-der-marktforschungsinstitute-in-deutschland/.

ADM. (n. d.c). Anzahl der Marktforschungsinstitute in Deutschland in den Jahren 1986 bis 2016. In *In Statista – Das Statistik-Portal.* https://de.statista.com/statistik/daten/studie/161536/umfrage/anzahl-der-marktforschungsinstitute-in-deutschland-seit-1986/.

ADM. (n. d.d). Der ADM. https://www.adm-ev.de/der-adm/. Zugegriffen: 20. Sept. 2018.

ADM. (n. d.e). Umsatzanteil der Marktforschungsinstitute in Deutschland nach Forschungsarten von 1990 bis 2016. In *Statista Dossier Marktforschung.* https://de.statista.com/statistik/daten/studie/152386/umfrage/umsatzaufteilung-der-marktforschungsinstitute-nach-forschungsarten/.

Audiotranskription.de (n. d.). f4transkript, f4analyse. https://www.audiotranskription.de/deutsch/home.html?%2520error=1. Zugegriffen: 16. Nov. 2018.

Bausch, T. (2009). *Stichprobenverfahren in der Marktforschung.* München: Vahlen.

Beckmann, S. C., & Langer, R. (2009). Qualitative Marktforschung – Konzepte – Methoden – Analysen. In R. Buber & H. H. Holzmüller (Hrsg.), *Qualitative Marktforschung – Konzepte – Methoden – Analysen* (S. 1152). Wiesbaden: Gabler. https://doi.org/10.1007/978-3-8349-9441-7_39.

Bogner, A., Littig, B., & Menz, W. (2014). *Interviews mit Experten – Eine praxisorientierte Einführung.* Wiesbaden: Springer VS.

Brosius, H., Haas, A., & Koschel, F. (2016). *Methoden der empirischen Kommunikationsforschung* (7. Aufl.). Wiesbaden: Springer.

BVM. (n. d.). Der BVM – Berufsverband Deutscher Markt- und Sozialforscher e. V. https://bvm.org/verband/. Zugegriffen: 20. Sept. 2018.

Denzin, N. K. (2015). Reading Film – Filme und Videos als sozialwissenschaftliches Erfahrungsmaterial. In U. Flick, E. von Kardoff, & I. Steinke (Hrsg.), *Qualitative Forschung. Ein Handbuch* (S. 416–428). Reinbek: Rowohlt Taschenbuch.

© Springer Fachmedien Wiesbaden GmbH, ein Teil von Springer Nature 2019
A. Steffen und S. Doppler, *Einführung in die Qualitative Marktforschung,*
essentials, https://doi.org/10.1007/978-3-658-25108-6

Döring, N., & Bortz, J. (2016a). *Forschungsmethoden und Evaluation in den Sozial- und Humanwissenschaften* (5. Aufl.). Berlin: Springer. https://doi.org/10.1007/978-3-642-41089-5.

Döring, N., & Bortz, J. (2016b). *Forschungsmethoden und Evaluation in den Sozial- und Humanwissenschaften* (5. Aufl.). Heidelberg: Springer.

ESOMAR. (n. d.a). ICC/ESOMAR Kodex. https://www.esomar.org/uploads/public/knowledge-and-standards/codes-and-guidelines/ICCESOMAR_Code_German_.pdf. Zugegriffen: 20. Sept. 2018.

ESOMAR. (n. d.b). Was ist ESOMAR? https://www.esomar.org/what-we-do/what-is-esomar/was-ist-ESOMAR. Zugegriffen: 20. Sept. 2018.

European Union Agency for Fundamental Rights (FRA). (n. d.). Charta der Grundrechte der Europäischen Union", Artikel 8 – Schutz von personenbezogener Daten. Retrieved from fra.europa.eu/de/charterpedia/article/8-schutz-personenbezogener-daten%0D.

Friedrichs, J. (2014). Forschungsethik. In N. Baur & J. Blasius (Hrsg.), *Handbuch Methoden der empirischen Sozialforschung* (S. 81–91). https://doi.org/10.1007/978-3-531-18939-0.

Gnambs, T., & Batinic, B. (2011). Qualitative Online-Forschung. In G. Naderer & E. Balzer (Hrsg.), *Qualitative Marktforschung in Theorie und Praxis, Grundlagen – Methoden – Anwendungen* (2. Aufl., S. 385–404). Wiesbaden: Gabler.

Helfferich, C. (2011). *Die Qualität qualitativer Daten – Manual für die Durchführung qualitativer Interviews* (4. Aufl.). Wiesbaden: Springer VS. https://doi.org/10.1007/978-3-531-92076-4.

Höld, R. (2009). Zur Transkription von Audiodaten. In R. Buber & H. Holzmüller (Hrsg.), *Qualitative Marktforschung. Konzepte – Methoden – Analysen* (2. Aufl., S. 655–688). Wiesbaden: Gabler.

Holzhauer, B., & Naderer, G. (2011). Das Image der Qualitativen Marktforschung. In *Qualitative Marktforschung in Theorie und Praxis: Grundlagen, Methoden und Anwendungen* (S. 13–24). https://doi.org/https://doi.org/10.1007/978-3-8349-6790-9_2.

Hussy, W., Schreier, M., & Echterhoff, G. (2013a). *Forschungsmethoden in Psychologie und Sozialwissenschaften*. https://doi.org/10.1007/978-3-642-34362-9.

Hussy, W., Schreier, M., & Echterhoff, G. (2013b). *Forschungsmethoden in Psychologie und Sozialwissenschaften für Bachelor* (2. Aufl.). Heidelberg: Springer.

Kelle, U. (2015). Computergestützte Analyse qualitativer Daten. In U. Flick, E. von Kardoff, & I. Steinke (Hrsg.), *Qualitative Forschung. Ein Handbuch* (S. 485–501). Reinbek: Rowohlt Taschenbuch.

Koch, J., Gebhardt, P., & Riedmüller, F. (2016). *Marktforschung – Grundlagen und Praktische Anwendungen* (7. Aufl.). Berlin: De Gruyter Oldenbourg.

Kuß, A., & Eisend, M. (2010). *Marktforschung- Grundlagen der Datenerhebung und Datenanalyse* (3. Aufl.). Wiesbaden: Gabler.

Kühn, T., & Koschel, K.-V. (2018). *Gruppendiskussionen – Ein Praxis-Handbuch* (2. Aufl.). Wiesbaden: Springer VS.

Kuß, A., Wildner, R., & Kreis, H. (2014). *Marktforschung. Grundlagen der Datenerhebung und Datenanalyse* (5. Aufl.). Wiesbaden: Springer-Gabler.

Kuß, A., Wildner, R., & Kreis, H. (2018a). *Marktforschung – Datenerhebung und Datenanalyse* (6. Aufl.). Wiesbaden: Gabler. https://doi.org/10.1007/978-3-658-20566-9.

Kuß, A., Wildner, R., & Kreis, H. (2018b). *Marktforschung. Grundlagen der Datenerhebung und Datenanalyse* (6. Aufl.). Wiesbaden: Springer-Gabler.

Lammenett, E. (2017). *Praxiswissen Online-Marketing: Affiliate- und E-Mail-Marketing, Suchmaschinenmarketing, Online-Werbung, Social Media, Facebook-Werbung*. Wiesbaden *Springer Gabler* (Bd. 7). https://doi.org/10.1073/pnas.0703993104.

Magerhans, A. (2016). *Marktforschung: Eine praxisorientierte Einführung*. Wiesbaden: Springer Gabler. https://doi.org/10.1007/978-3-658-00891-8.

Mayring, P. (2010). *Qualitative Inhaltsanalyse* (11. Aufl.). Weinheim: Beltz.

Meffert, H. B. C. K. M. (2015). *Marketing-Grundlagen marktorientierter Unternehmensführung-Konzepte, Instrumente, Praxisbeispiele* (12. Aufl.). Wiesbaden: Springer Gabler.

Mey, G., & Mruck, K. (2011). *Qualitative Marktforschung in Theorie und Praxis*. In G. Naderer & E. Balzer (Hrsg.) (2. überarb, S. 257–284). Gabler. https://doi.org/10.1007/978-3-8349-6790-9.

Meyer, C., & Meier zu Verl, C. (2014). Ergebnispräsentation in der qualitativen Forschung. In N. Baur & J. Blasius (Hrsg.), *Handbuch Methoden der empirischen Sozialforschung* (S. 245–257). Wiesbaden: Springer VS.

Meyer, M., & Reutterer, T. (2009). Sampling-Methoden in der Marktforschung – Wie man Untersuchungseinheiten auswählen kann. In R. Buber & H. Holzmüller (Hrsg.), *Qualitative Marktforschung. Konzepte – Methoden – Analysen* (2. Aufl., S. 229–245). Wiesbaden: Gabler.

Moritz, C. (2014a). Vor, hinter, für und mit der Kamera: Viergliedriger Video-Analyserahmen in der Qualitativen Sozialforschung. In C. Moritz (Hrsg.), *Transkription von Video- und Filmdaten in der Qualitativen Sozialforschung* (S. 17–54). Wiesbaden: Springer.

Moritz, C. (2014b). *Transkription von Video- und Filmdaten in der Qualitativen Sozialforschung*. Wiesbaden: Springer.

Naderer, G., & Balzer, E. (2011). Standortbestimmung einer Branche im Umbruch. In *Qualitative Marktforschung in Theorie und Praxis* (S. 4–11). https://doi.org/10.1007/978-3-8349-6790-9.

Olbrich, R., Battenfeld, D., & Buhr, C.-C. (2012). *Marktforschung*. Berlin: Springer Gabler.

Raab, G., Unger, A., & Unger, F. (2018). *Methoden der Marketing-Forschung* (3. Aufl.). Wiesbaden: Springer Gabler.

Reichertz, J. (2014). Das vertextete Bild Überlegungen zur Gültigkeit von Videoanalysen. In C. Moritz (Hrsg.), *Transkription von Video- und Filmdaten in der Qualitativen Sozialforschung* (S. 55–72). Wiesbaden: Springer.

Schirmer, D., Sander, N., & Wenninger, A. (2015). Herausforderungen und Potenziale von Online-Medien für die qualitative Forschung – Eine Einführung. In D. Schirmer, N. Sander, & A. Wenninger (Eds.), *Die qualitative Analyse internetbasierter Daten* (pp. 7–32). Wiesbaden: Springer Fachmedien Wiesbaden. https://doi.org/10.1007/978-3-658-06296-5.

Steffen, A. (2012). *Critical Shopping Experience – Affective Reactions and Behavioural Consequences*. Saarbrücken: Südwestdeutscher Verlag für Hochschulschriften.

Steffen, A. (2014). Strategic Customer Experience Management – A qualitative cross industry study final. In *Proceedings of the LCBR European Marketing Conference*. Frankfurt.

Steffen, A., & Doppler, S. (2018). Building consumer trust and satisfaction through sustainable business practices. In J. Byrom & D. Medway (Hrsg.), *Consumer Science and Strategic Marketing: Case Studies in the Traditional Food Sector*. Oxford: Elsevier.

Streetspotr. (n. d.). Streetspotr. https://streetspotr.com/de/.

Strübing, J. (2018). *Qualitative Sozialforschung. Eine komprimierte Einführung* (2. Aufl., S. 131–137). Oldenb0urg: de Gruyter.

Theobald, A. (2017). *Praxis Online-Marktforschung.* Wiesbaden: Springer Fachmedien Wiesbaden. https://doi.org/10.1007/978-3-658-10203-6.

Thomas, G. (2016). *Case Study* (2. Aufl.). London: Sage.

Weis, H. C., & Steinmetz, P. (2012). *Marktforschung* (8. verbesserte Aufl., Hrsg.). Herne: Kiehl.

Wolff, S. (2015). Dokumenten- und Aktenanalyse. In U. Flick, E. von Kardoff, & I. Steinke (Hrsg.), *Qualitative Forschung. Ein Handbuch* (S. 502–513). Reinbek: Rowohlt Taschenbuch.

Zahn, A.-M. (2017). Einsatz von Social Media Monitoring für die Marktforschung. In A. Theobald (Hrsg.), *Praxis Online-Marktforschung* (S. 253–268). Wiesbaden: Springer Fachmedien. https://doi.org/10.1007/978-3-658-10203-6.

Printed in the United States
By Bookmasters